# 司馬懿

사마의
자기경영

사마의가 재평가되는 이유는 그의 생각과 행동이 현대인에게 필요하기 때문이다. 사마의는 체계가 갖춰진 조직에 들어가 실력을 쌓고 성실히 일했다. 그 안에서 감정통제와 자기절제로 견제와 중상모략을 이겨냈고, 실력을 발휘해 신하로서 최고의 벼슬에 오른다. 마지막에는 자신이 옳다는 신념으로 과감한 행동을 한다.

지금 관점에서 사마의는 직장인으로 볼 수 있다. 직장인 역시 처세 앞에서 자유로울 수 없다. 직장 안에서 이익을 추구하면서 사내정치, 중상모략을 헤쳐 나가야 한다. 그리고 실력을 발휘해 자신의 존재를 과시해야 한다. 지금 직장인이 가진 문제들이 사마의와 비슷하지 않을까? 직장인이 아니어도 삶의 관점에서 사마의는 총명하게 오래 살았으며, 자녀교육에도 심혈을 기울여 정신을 계승시켰다. 위기상황을 적극 돌파했고, 때에 따라 인내하며 관망도 했다. 치열한 삶에서 모두가 꿈꾸는 최후승자의 이름을 얻었다. 현대인이 안고 있는 다양한 문제와 해결책을 사마의를 통해 실마리를 구할 수 있다고 말하고 싶다. 이 책이 해결의 실마리를 구하는 데 일조하길 희망한다.

바람이 부는 4월 중순, 책다방 끝자리에서

윤석일

# 이른 성공을 예찬하는 시대, 소년등과를 경계하다

## ✳✳ 인간으로 바뀐 용의 4가지 모습

인간세계에 사는 용은 4가지 모습으로 살아간다.

잠룡(潛龍) / 현룡(現龍) / 비룡(飛龍) / 항룡(亢龍)

잠룡은 물속에서 잔물결을 일으키지 않고 조용히 때를 기다리는 용이다. 현룡은 물 밖으로 나온 용으로 세상에 등장한다. 하지만 높이 날지 못한다. 비룡은 높이 나는 용이다. 높이 날아도 체력이 받쳐주고 사업에도 화려한 꽃이 핀다. 항룡은 가장 높이 날아간 용을 말한다. 끝까지 올라간 용이 할 일은 하나밖에 없다. 떨어지는 일이다.

『주역周易』에는 '항룡유회亢龍有悔'란 말이 나온다. 끝까지 올라간 용은 후회한다는 뜻이다. 항룡은 내려오며 눈물을 흘린다. 하지만 물러날 때를 알고 내려온다면 그 모습은 아름답다. 후회의 눈물이 아니라 멋진 현역으로 살았다는 행복한 소회所懷의 눈물이다.

우리 삶에서 언제쯤 내려와야 하는지 아는 건 큰 지혜다. 일찍 내려오면 안타깝고, 늦게 내려오면 추해진다. 그래서 성공하기도 어렵지만, 성공 후 유지하는 것과 내려와야 할 시기를 아는 건 더 어렵다. 이 시기를 아는 방법이 있다. 한창 잘나가는 비룡일 때는 항룡을 미리 생각한다. 한마디로 잘나갈 때, 못 나갈 때를 대비하는 일이다.

"군자궁즉독선기신달즉겸선천하 君子窮則獨善其身達則兼善天下"

맹자가 했던 말이다. 풀어보면 잘나갈 때는 천하와 더불어 좋은 일을 하고, 못 나갈 때는 혼자 자기 수양을 하라는 뜻이다. 맹자가 달達과 궁窮을 외친 건 삶은 달과 궁이라는 파도타기의 연속이라는 메시지다.

100년을 산다면 항룡의 시기는 언제쯤일까? 평생 현역이란 말이 있는 시대에 정확히 말하기 어렵다. 명확한 건 빨리 올라가면 빨리 내려와야 한다는 사실이다. 지금 우리는 이른 '성공 예찬 시대'에 살고 있다. 하지만 이른 성공을 하면 그만큼 빨리 내려와야 한다는 진실도 알아야 한다.

199년 사이비 황제 원술은 조조, 유비 연합군에게 제거된다. 전공을 세운 유비는 황제헌제를 알현한다. 황제는 유비가 먼 친척임을 알고 황숙이라 부르며 의지했다. 조조는 유비가 '유황숙'이라 불리는 걸 못마땅히 여겼지만, 그를 제거할 명분이 없었다. 눈치 빠른 유비는 자신을 견제하는 조조를 속이기 위해 부추를 키우며 농사꾼 행사로 시간을 보낸다.

매실 꽃 피던 어느 날, 조조는 유비를 술자리에 초대한다. 술이 들어가며 둘은 '영웅론英雄論'에 대해 이야기한다. 영웅론의 화두는 용龍이 때에 따라 인간으로 변한다는 것이다. 인간세계에 숨어있는 용을 찾아가며 둘은 영웅론을 세상에 내놓는다.

유비는 손권, 원소 등 여러 인물을 용이라 말한다. 조조는 그들은 용이 아니라고 한다. 조조는 인간으로 변한 용은 큰 뜻을 품고, 시대 변화와 흐름 읽으며 적극 대처한다. 그리고 반드시 뜻하는 바를 이루는 사람이라 평한다. 그런 사람은 세상에 오직 자신과 유비뿐이라며 소리친다. 견제와 두려움이 담긴 조조의 진짜 속마음이었다. 할 말을 잃은 유비는 하늘이 도와주듯 천둥, 번개가 치자 젓가락을 떨어뜨린다. 자신은 천둥, 번개가 무섭다는 말과 함께 특유의 능청스러운 연기를 한다. 조조는 이 연기에 속아 유비를 재평가한다.

조조는 이 세상에 용은 자신과 유비밖에 없다고 했다. 시간이 흘러 두 용은 한중에서 크게 맞붙는다. 조조의 영웅론처럼 용은 때에 따라 인간으로 변해 인간의 삶을 대변하기도 한다.

두 영웅 모두 이른 성공을 하지 않았다. 적정한 나이와 적정한 힘을 가진 상태에서 비룡이 되었다. 둘 중 한 명이 이른 성공을 했다면 인간으로 변한 용은 나오지 않았을 것이다.


### *** 사마의, 소년등과를 경계하다

이른 성공을 이야기할 때 소년등과少年登科를 말한다. 어린 나이에 과거에 급제하는 사람을 말한다. 소년등과 하면 두 가지를 피할 수 없다고 한다.

첫 번째는 주변에 사람이 들끓는다.

아부하는 사람, 견제하는 사람, 시험해보려는 사람 등 주변이 사람에 둘러싸인다. 아부는 자만이나 나태에 빠지고, 견제하는 사람들 때문에 한 방에 날아갈 수 있다. 또한, 시험해보려는 사람들 때문에 사람을 믿지 못해 늘 긴장 속에 살아가며 에너지가 고갈된다.

두 번째는 반성할 시간이 부족하다.

주변에 사람이 들끓어서 자신을 차분히 돌아볼 시간이 없다. 반성할 시간을 위해 단칼에 주변을 정리해야 하는 데 유혹이 많아 쉽지 않다. 반성하지 않으면 앞으로 나아갈 수 없다. 반성하면 겸손해진다. 겸손은 미덕을 넘어 탁월한 처세다. 하지만 반성하지 않으면 겸손도 없는 법이다. 소년등과 하면 반성할 시간을 주지 않는다.

소년등과 하면 사람들 때문에 자만해질 수 있다. 자만은 칼이 되어 돌아온다. 이런 이유로 송나라 학자 정이는 인생의 불행을 세 가지라 말했다. 첫 번째가 어린 시절 너무 빨리 과거에 급제한 것. 두 번째는 부모를 너무 잘 만나는 것. 세 번째는 뛰어난 재주와 문장력을 가진 것이다. 이 세 가지는 모두가 부러워하는 것이지만 자신을 파멸로 이끌 수 있다. 세 가지 중 소년등과가 첫 번째에 있다. 그만큼 경계할 대상이 소년등과란 뜻이다.

젊은 시절 세상 모르고 뛰어다니는 게 청춘의 전유물이라 했다. 하지만 삼국시대는 목숨을 가볍게 여기던 시절이었다. 자칫 잘못했다간 목숨이 날아갈 수 있었다. 소년등과는 큰 무대와 무대의 주인공이 될 기회를 준다. 반대로 큰 무대와 주인공은 주변 사람들 때문에 목숨이 빨리 끊어질 수도 있다.

조조는 언제나 인재를 갈망했다. 그가 삼국지 창업자 중 주인공이

사마의 자기경영

될 수 있었던 이유는 순욱, 가후 같은 문신과 허저, 하후돈 같은 무신이 있었기 때문이다. 일찍이 인재의 중요성을 깨달은 조조는 자신의 아버지와 조부에게 멋진 문장으로 욕을 한 진림을 용서하고 중용했다. 그만큼 인재를 아끼고 사랑했다. 하지만 조조는 음흉한 성격 탓에 인재를 의심하고 끊임없이 실험한다. 완전한 믿음을 얻을 때까지 믿지 못했다. 또한, 자기보다 뛰어난 사람을 존중하면서도 자신의 속마음을 알아버리는 사람, 지나치게 간섭하거나 반대하는 사람을 냉정하게 처리했다.

이런 성격 탓에 조조를 가까이에서 모시는 건 호랑이를 모시는 일이다. 잘 쓰다듬지 않으면 죽을 수 있고, 믿음을 제대로 주지 않으면 죽일 수도 있다. 조조는 삼국지 창업자로서 매력적이면서도 매우 두려운 존재다. 그의 곁에 있다면 큰 빛을 볼 수 있지만, 목이 한 방에 날아갈 수도 있다.


사마의 아버지 사마방은 한나라의 신하였다. 190년 동탁을 피해 고향으로 돌아간다. 여덟 명 형제 중 첫째 사마랑은 조조의 신하가 된다. 사마의를 일찍 알아본 인재전문가 최염은 형 사마랑에게 둘째 사마의를 다음과 같이 평한다. "천하의 귀재가 될 인물이다." 사마의는 인재전문가의 입소문으로 전국에 알려진다. 인재를 갈망한 조조는 사마의를 초빙했다. 당시 사마의 나이 20세였다. 지금 20세와 삼국시대 20세는 분명 다른 나이다. 그렇지만 유비는 29세 때 도원결의를 했고, 동탁을 암살하려던 조조의 나이는 32세였다. 다른 영웅보다 이른 나이다. 여기에 조조 진영은 황제를 끼고 있는 군벌이었다. 원소보다 군사력은 약했지만, 여포, 장수 등을 격파하며 상승세를 타고 있는 세력이었다. 젊은 사람으로서 재능을 마음껏 펼쳐볼 만한 매력적인 곳이다. 이런 매력에도 사마의는 조조의 부름에 응하지 않는다. 소년등과를 피했다. 여기에 문제가 하나 있었다. 바로 거절하는 방법이다.

그냥 거절하면 자신의 형 사마랑이 위험할 수 있고, 자칫 잘못하면 자신의 목숨을 잃을 수 있었다. 사마의는 고심 끝에 중풍을 핑계 삼아 등용을 거절한다. 의심 많은 조조는 첩자를 보내 진짜 중풍인지 알아오라 명한다. 당시 상황을 『진서』 〈선제기〉에는 이렇게 기술한다.

> "사마의는 한나라의 명운이 쇠퇴하고 있지만, 조조에게 절개를 굽히고 싶지 않아 중풍 때문에 정상적으로 생활할 수 없다는 이유를 들어 사양했다. 조조는 남 몰래 사람을 보내 정탐했는데, 사마의는 누워 움직이지 않았다."

첩자는 사마의가 중풍에 걸렸다 판단하고 조조에게 보고한다. 조조는 원소와의 일전을 앞두고 있어 더는 사마의를 신경 쓰지 않았다. 사마의의 중풍 연기는 탁월했고 그의 목적은 달성되었다. 몇 년 후 사마의는 다시 한번 환자 연기를 한다. 환자 연기를 통해 견제세력의 긴장을 풀게 했다. 사마의는 탁월한 연기자라 볼 수 있다.

사마의 자기경영

사마의는 조조 부름을 거짓 연기까지 하면서 거절하고 지방 관직에 머물며 독서로 시간을 보낸다. 조조가 원소를 격파한 10년 후, 사마의가 30세 때 조조는 다시 한번 사마의를 부른다. 이번에도 오지 않으면 잡아 오라 지시한다. 사마의는 자신과 가문을 지키기 위해 조조의 부름에 따른다.

## 현룡, 두 번째 부름으로 세상에 나가다

두 번째 부름에서 조조는 중원 최고의 군벌이 된 상태. 원소를 격파했고, 중원에 골칫거리 오환족도 정벌했다. 그리고 황제를 뛰어넘는 힘을 가지고 있었다. 지금으로 말하면 정경政經 모두 가진 최고의 집단이 된 셈이다. 두 번째 부름도 사마의는 거절하고 싶었지만, 목숨과 가문을 지키기 위해 조조 집단에 들어간다.

21세기 취업난에 시달리는 사람은 이해하지 못할 부분이다. 최고의 집단에서 일하고 싶은 마음은 누구나 가지고 있지만 사마의는 첫 번째 부름을 거절했고, 두 번째 부름도 어쩔 수 없이 받아들였다. 등용 이후에도 특별한 계책을 내놓지 않고 조용하고 성실하게 자기 임무를 수행한다. 왜 그랬을까? 사마의는 욕심 없는 필부에 지나지 않았을까? 아니면 다른 뜻이 있었을까?

사마의는 조조라는 인물과 조직의 특성을 일찍이 간파했다. 사마의는 유가儒家 집안에서 자라며 장래에 대한 생각과 태도 그리고 권력의 본질을 꿰뚫는 혜안을 가지고 있었다. 이 혜안이 살벌한 정치투쟁과 전쟁터에서 그를 지켜준다.

조조 주변에는 순욱, 순유, 가후, 정욱, 곽가 같은 기라성 같은 책사들이 있었다. 사마의가 조조에게 있어도 빛을 발휘할 공간이 적었다. 또한, 어린 시절부터 겪었던 정치투쟁과 전쟁으로 얼마나 많은 백성이 힘들어하는지 경험했다. 사마의는 사대부 집안으로 중앙정치나 권력쟁취, 대의大義를 위한다는 전쟁이 얼마나 가치 없는 일인지 알고 있었다.

이러한 경험으로 중풍에 걸렸다고 거짓 연기를 해서 고향 지방관직에 머물며 백성을 교화하고 가족을 돌보는게 낫다는 생각으로 이어졌다. 그리고 자신의 실력을 누구보다 잘 알고 있었다. 지방관직에 머물며 독서와 내공을 쌓으면서 역사에 등장하지 않는다. 사마의가 조조세력 내 기라성 같은 책사들과 동급이었다면 조조는 수단과 방법을 가리지 않고 데려왔을 일이다. 20살 사마의는 실력이 부족했다. 그의 실력이 빛을 본 건 기라성 같은 책사들이 사라지고 난 후였다.

사마의에게 조조의 세력은 무대는 넓을 수 있어도 자신의 무대가 작고, 이전투구泥田鬪狗가 난무하는 곳에 들어가느니 현실을 수긍하고 독서와 수련으로 내공을 쌓는 편이 옳다고 생각했다.

사마의가 재주만 믿고 20살에 조조 근처에 머물면서 자기 목소리를 냈다면 역사 무대에서 최후의 승자는 될 수 없었다. 조조는 인재를 중요시하면서 역린逆鱗을 건드리거나 자기 생각을 간파당하는 걸 싫어했다. 조조의 마음을 꿰뚫고 후계자 문제까지 참여하려 했던 양수는 젊은 나이에 재능을 펼치지도 못하고 죽어야 했다. 그 외 조조 주변에 재주만 믿고 행동하다 뜻을 펼치지 못한 사람이 많다.

사마의는 두 번째 부름을 받고도 잡일을 처리하는 문학연文學緣, 의랑議郎의 자리에서 불만 없이 일에만 전념한다. 적극 발언하거나 무대 중심에 오르려 하지 않았다. 조조 조직에 들어간 지 7년이 지나서야 기록에 남긴 첫 발언을 내놓는다. 이런 처세 덕분에 최후의 승리자라는 타이틀을 얻었다. 그러나 흥미와 재미를 주는 문학적 스토리텔링에서는 그를 바보로 만들었다.

사마의가 역사의 주인공이 된 시기는 기라성 같은 인물이 사라지고 난 후다. 적토마를 타고 천하를 누빈 여포도 없었고, 유비 형제도 하나둘씩 사라졌다. 조조도 세월을 이기지 못했다. 홍안紅顔을 가지고 중원을 누비며 웅지를 품은 영웅이 사라지면서 삼국지 스토리텔링 흥미 요소가 떨어졌다. 하지만 사마의는 외롭지 않았다. 바로 제갈량이라는 라이벌이 있었기 때문이다.

제갈량은 없는 바람을 일으키고, 10만 개 화살을 하룻밤에 만들어내며, 한실 부흥과 옛 주인의 의리를 끌어안고 육출기산六出岐山을 했던 주인공이다. 삼국 역사에 25살에 등장한 제갈량은 고아에다 농사를 지었고, 독학에 가까운 공부로 천재반열에 올라섰다. 많은 사람을 열광시키기에 충분한 성장 스토리를 가지고 있다. 그를 등용했던 유비의 삼고초려三顧草廬는 인재 등용의 중요성을 뜻하는 고유명사가

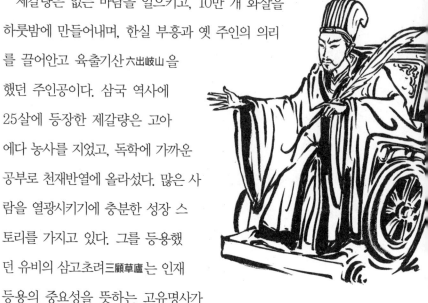

된다. 제갈량은 스토리텔링 성공요소를 모두 가지고 있다.

사마의의 라이벌 제갈량은 등장부터 달랐다. 사마의는 끌고 오라 했고, 오지 않으면 감방에 넣는다고 협박까지 했다. 제갈량은 세 번이나 찾아가 그를 모셔갔다. 유비는 조직이 작았지만, 제갈량의 비전과 꿈을 마음껏 펼칠 무대가 있었다. 사마의는 낭고상狼顧像이라는 이유로 조조의 끊임없는 견제를 받아야 했다. 둘의 무대는 시작부터 달랐다.

오늘날 일반적 성공기준으로 생각한다면 사마의, 제갈량 둘 다 성공한 삶을 산 사람이다. 하지만 대大전략의 관점으로 본다면 진정한 승자는 사마의다. 사마의의 대전략 안목은 20살 임관을 거부한 행동

에서 시작되었다.

사마의는 이른 성공을 스스로 경계했고 주군 조조에 대해 냉정하게 평가할 수 있었다. 이른 성공을 예찬하는 시대에 사마의의 처세는 우리에게 많은 메시지를 남긴다. 우리는 젊은 나이의 성공을 예찬한다. 젊을 때 큰돈을 벌었다는 소식이나, 어린 나이에 여러 가지 영광이 이어지는 일 등, 이른 성공은 잠깐의 스포트라이트를 받을 수 있지만, 그 성공을 계속 이어갈 수 없다. 뉴스에서 종종 천재들의 등장과 몰락을 볼 때가 있다. 스포트라이트를 받으면 반성할 시간이 줄어들고 무대에 올라 마이크를 잡을 기회가 늘어난다. 다언삭궁多言數窮할 위험도 많다. 젊을 때 한 번의 큰 성공은 계속 이어나갈 수 없으며 자만심에 빠질 수 있다. 결국, 자신을 냉철히 관찰하고 이른 성공을 경계할 마음이 필요하다. 그리고 시대가 변해도, 변하지 않는 처세인 '겸손'이 따라야 한다.

소년등과의 위험을 자의든 타이든 일찍 알면 대전략의 안목을 키울 수 있다. 자신은 소시민적으로 살고 싶다 해도 삶의 변수는 매우 다양하다. 때에 따라 맹렬히 싸워야 할 때가 있고, 상대를 속여야 할 때가 있다. 그리고 세상은 많은 유혹이 있다. 유혹이 왔을 때 냉정하게 바라볼 태도가 대전략의 안목이다. 대전략 안목에는 겸손도 포함된다.

### ✻✻✻ 겸손으로 조선 최고의 정승이 된 맹사성

겸손의 중요성을 보여준 인물이 있다. 조선 500년 동안 수많은 정승이 있었지만, 많이 알려진 정승은 4명이다. 황 정승황희, 오리 정승이원익, 상 정승상진, 맹 정승맹사성이다. 이 중 황희와 맹사성은 세종대왕을 모시며 조선 개국 이래 최고의 번영을 누린다. 맹사성은 검은 소를 타고 다니며 피리를 불었다. 예술가적 기질이 다분히 있는 사람이다. 이런 맹사성이 19살에 장원해서 파주 군수가 된다. 한마디로 소년등과 한 것이다.

맹사성은 자신의 천재성을 알고 싶어 파주에서 수련하는 고승高僧을 찾아가 떠보는 질문을 한다.

> "스님. 군수로서 새겨들어야 할 말씀을 주세요."
> "나쁜 일 하지 않고, 착하게 일만 하면 됩니다."
> "그건 누구나 알고 있는 말 아닙니까?"

고승은 19살 맹사성의 반박에 말없이 차만 따랐다. 차가 찻잔에 넘치자 맹사성 바닥이 젖는다고 말한다. 고승은 옅은 미소로 다시 말한다.

"찻잔이 넘쳐 바닥이 더럽혀지는 걸 알면서도 지식이 넘쳐 사람을 망치는 것은 어찌 모르십니까?"

순간 창피당한 맹사성은 부끄러운 듯 자리에서 일어난다. 빨리 빠져나가려다 방문에 머리가 부딪친다. 스님은 비웃듯 말을 이어간다.

"고개를 숙이면 부딪치는 법이 없습니다. 겸손을 배우려 하지 않으면 아무것도 배울 수 없습니다."

19살에 장원급제하고 앞길이 탄탄대로였던 맹사성에게 충격을 준 배움이었다. 그 후 그는 겸손한 마음으로 벼슬에 임하며 조선의 전성기를 이끈다. 맹사성은 자신의 명석한 두뇌와 판단력 그리고 겸손을 겸비했기에 최고의 정승으로 이름을 알릴 수 있었다. 소년등과로 자신의 재능을 일찍부터 자랑했다면, 살벌한 정치 환경에서 보복, 시기 질투, 음해 등 많은 위험 속에 버티지 못했을 일이다.

사마의는 반란군 맹달을 저지하는 신속함과 원정군으로 최악의 상황 그대로 공손연 원정에서 승리를 거두었다. 실력은 당대 최고라 할 수 있다. 하지만 여물지 않은 상태에서 조조에게 다가갔다간 이름도 없이 사라질 수 있었다. 거짓 연기까지 하며 조조의 부름을 거부했던 이유는 자신의 부족함을 스스로 알고 있었으며 조조의 성격을 너무나도 잘 알고 있었기 때문이다. 사마의는 끊임없는 견제 속에서 겸손함과 자신감을 유지하며 세상을 살아갔다. 그리고 여건이 성숙한 시기에 맞춰 첫 번째 계책을 역사에 내놓는다.

이른 성공을 좋아 보이게 유혹하는 일이 많다. 그리고 그런 것들을 이용해 자신의 이익을 취하려는 사람이 많은 세상이다. 마치 피는 젊은이가 흘리고 영광은 늙은이가 누리는 것처럼 말이다. 젊은 날의 특권이라 외치며 조건 없는 도전을 말하는 사람이 넘쳐흐른다. 이런 유혹이 왔을 때 객관적으로 상황을 인식할 필요가 있다. 사마의가 최고의 군벌 조조의 부름을 거부하고 내공을 쌓은 것처럼 말이다.

성공은 여러 요소가 있어야 가능하다. 더 큰 문제는 그 성공을 유지하는 일이다. 소년등과는 평생 가지 않는다. 계속해서 잘나가는 인생은 없다. 긴 안목으로 볼 때 상황을 냉철하게 파악하고 본질을 보려는 마음이 중요하다. 그리고 유혹이 왔을 때 그것이 기회인지, 유혹인지 알아야 한다. 전략적 안목으로 삶을 돌아본다면 사마의는 우리에게 많은 걸 알려준다.

# 재능이 칼이 된다, 성실히 일하며 기다린다

2장

### ✳✳✳ 괄목상대刮目相對와 축적의 미학

전장戰場에서 장수는 크게 세 종류가 있다.

지장(智將) / 덕장(德將) / 용장(勇將) = 맹장(猛將)

지장은 지혜, 지식으로 싸우는 장수다. 최소비용으로 최대효과를 중요시했던 손자병법孫子兵法은 지장을 중요시한다. 삼국지에는 순욱, 제갈량 등의 책사를 볼 수 있다. 덕장은 병사나 백성을 마음을 달래주며 충성을 유도한다. 『한비자』〈외저설 좌상〉 편에 나오는 오기 장군이 대표적이다. 오기 장군은 고름이 나오는 병사 발을 빨아준다. 이 소식을 접한 병사 어머니는 남편도 등창에 걸렸을 때 오기 장군이 빨아주자 그 은혜를 갚다가 죽었다고 한탄한다. 덕장은 병사의 마음을 끌고 온다. 그리고 맹렬히 싸우게 한다. 삼국지는 유비를 덕장으로 그리고 있다. 덕장은 능수능란한 처세술로 살아가지만, 백성 앞에서는 덕을 베풀며 어디에도 인정받는 사람이 된다. 용장 또는 맹장은 모두가 겁내는 일에 과감하게 행동하는 장수다. 삼국지에서 100명의 군사로 40만 대군을 기습한 오나라 감녕이 있다.

장수 유형 중 어느 장수가 더 위대하다고는 평가할 수 없다. 전장 환경과 전술적 목적 등 각 역할이 다르기 때문이다. 조직을 이끄는 리더는 자기 조직에 부족한 장수가 없는지 세심히 살펴야 한다. 유비가 뜻을 펼칠 수 있었던 건 제갈량이라는 정치가이자 군사 전략가를 만나면서다. 유비는 부족한 부분을 일찍 간파하고 있었다. 부족함을 채우기 위해 20살 넘게 어린 제갈량을 등용한다. 등용 과정에서 타인의 평가보다 부족한 부분을 채우기 위해 삼고초려를 한다.

삼국지 고사성어 중 오하아몽吳下阿蒙이란 말이 있다. 무예만 있고 학식이 부족한 사람을 표현할 때 쓴다. 이 말의 주인공은 삼국지 오나라 장수 여몽이다. 여몽을 표현하는 또 다른 사자성어는 괄목상대刮目相對다. 오나라 왕 손권은 여몽이 용맹하나 학식이 없음을 걱정했다. 큰일을 하려면 글을 읽어 지식을 쌓아야 한다고 당부한다. 여몽은 열심히 학문을 쌓는다. 평소 여몽을 가볍게 여긴 노숙은 매일 달라지는 모습을 보며 놀란다. 놀라는 모습에서 여몽은 다음과 같은 말을 남긴다.

> "선비라면 사흘을 떨어져 있다 만났을 땐 눈을 비비고 다시 대해
> 야 할 정도로 달라져 있어야 하는 법입니다 士別三日, 卽當刮目相對."

훗날 여몽은 육손과 노숙에 이어 병권을 이어받는다. 그는 중화를
뒤흔든 관우를 제거하는 등 공을 세운다. 여몽은 자신에게 부족했던
지식을 쌓기 위해 노력했다. 단순히 싸움만 잘하는 장수였다면 역사
속에서 전장만 바쁘게 누볐던 장수로 기록됐을 것이다.

지금 우리는 노력을 부정하는 사회에 살고 있다. 노력을 비꼬듯 '노
오오오력'이란 신조어를 만들었다. 아무리 노력해도 생겨나지 않는 계
층이동 사다리, 부모의 경제적 능력이 자녀의 부를 결정하는 일이 장
기간 누적되면서 생긴 현상이다. 여기에 높은 경제성장률과 일자리가
넘쳤던 시대를 살았던 세대가 저성장과 실업률이 높은 시대를 살아가
는 세대에게 노력을 강요하는 모습에서 노력은 더욱더 '노오오오력'으
로 비꼬아진다.

노력이 퇴색되면 대박을 노리는 사람이 늘어나는 법이다. 한 단계,
한 단계 쌓는 게 아니라 무모하더라도 단기간에 끝장을 보려는 마음
이다. 주식이나 부동산으로 대박을 터뜨린 젊은 부자를 언론에서 예
찬하고 로또 판매량은 매년 최고치를 경신하고 있다. 대박을 좇을수
록 노력으로 만들어가는 축적의 미학은 볼 수 없다.

사람들 마음에 각자 살고 싶은 모습이 있다. 그 삶을 사는 사람을 우리는 '성공' 했다고 말한다. 돈, 명예를 헌신짝 버리듯 버리고 유유자적하며 살아도 자신이 원했다면 그는 성공한 삶이다. 출장입상出將入相-나가서는 장수, 들어와서는 재상을 꿈꾸고 노력하고 있다면 성공을 향해 달려가는 중이다. 소시민으로 가족을 돌보며 평범하게 사는 삶을 꿈꾸고 나아가고 있다면 성공을 향해 달려가는 중이다. 우리가 생각하는 성공의 모습은 천차만별이지만, 공통점이 하나 있다. 바로 성공을 향해 온 정성을 쏟고 있다는 점이다. 어떤 모습으로 살고 싶든 우리는 그것을 향해 온 정성을 쏟고 있다.

살고 싶은 모습은 다르지만, 공통으로 꼭 필요한 요소가 노력이다. 다른 단어로 자기계발 또는 셀프헬프Self-Help다. 어떤 여건에 있든 내가 사는 모습으로 살고 싶다면 거기에 따른 노력이 있어야 한다. 지금처럼 노력을 부정하고 대박을 노리는 사회에서 땀 흘리며 성실하게 노력하는 모습이야말로 더욱더 중요한 가치라 말하고 싶다.


## ⁂ 자숙형 인재가 발언권을 얻기까지는

사마의는 조조 조직에 들어간 후 촉나라를 침공하자는 '득롱망촉' 책략 이전까지 특별한 행보를 보이지 않는다. 주어진 일만 성실히 했다는 뜻이다. 그의 직책은 주부主簿로 공문서를 관리하는 일이었다. 사마의가 성실히 일만 했던 때에 조조 조직은 격변을 겪는다. 적벽대전으로 통일의 꿈을 멈춰야 했고, 유비는 파촉을 점령해 삼국의 기틀을 마련한다. 조조를 암살하려던 복황후는 죽임을 당한다. 역사의 소용돌이 속에서 사마의는 등장하지 않는다. 세상은 요동쳤지만 사마의는 자기 일만 했다. 그 이유는 두 가지로 볼 수 있다.

첫 번째는 낭고상(狼顧像)으로 대표되는 조조의 의심과 주변의 견제 때문이다.

당시는 관상을 중요시했던 시절이다. 낭고상은 이리가 뒤를 돌아보는 상으로 다른 속마음을 가진 사람이라 여겼다. 조조는 사마의를 시험하려는 듯 뒤에서 '중달'을 부른다. 사마의는 고개만 돌리고 몸은 앞을 향해 있었다. 낭고상이었다. 조조는 사마의를 견제하기 시작했다. 사마의가 공문서 관리처럼 재능을 발휘할 수 없는 곳에서 일했던건 조조의 견제라는 의견도 있다. 『진서』〈선제기〉에는 조조가 아들 조비에게 사마의를 견제하라는 말이 나온다.

> "사마의는 다른 사람의 신하가 될 녀석이 아니니, 분명 너의 국가 대사에 관여할 것이다."

사마의는 조조를 시작으로 조씨 가문의 견제를 받아야 했다. 하지만 조씨 가문 4대를 모시며 장수하면서 살아남는다. 사마의 기본 전략은 대지약우<sup>大智若愚</sup> 전략이다. 재능을 숨기고 바보처럼 보이는 전략으로 도광양회<sup>韜光養晦</sup>로도 볼 수 있다. 그 능력이 탁월했기에 의심을 받으면서도 조조 집안 4대를 모시면서 최후의 승자가 되었다.

사마의가 격변의 시기에 등장하지 않았던 두 번째 이유는 이분법적 논리를 피하고 싶어서다.

당시 지성인은 어느 편에든 서야 했던 극단의 시대였다. 조조 조직에서 일하며 사마의는 두 가지 선택에 봉착한다. '조조'와 '황실'의 갈림길이다. 조조는 반란을 일으킨 복황후를 죽이고 자신의 딸을 황후로 삼을 만큼 막강한 권력이 있었다. 하지만 조조의 이런 행동은 한나라 충신의 반감을 샀다. 궁 안에는 황제에게 충성하는 신하와 새 시대를 꿈꾼 신하로 갈라졌다. 사마의는 한나라 녹봉을 받은 집안에서 태어났고, 유학을 중시하는 가풍 속에서 자랐다. 사마의가 로맨티시스트였다면 한나라를 따르고 황제에게 충성해야 했다. 하지만 황제를 따르면 자신은 물론 조조를 섬기는 형과 가문에 위기가 올 수 있다. 사마의는 갈림길에서 선택하지 않음을 선택했다. 그것은 성실히 땀 흘려 일하는 모습이다.

우리는 사마의의 처세법을 배워야 한다. 어느 편에 서야 하는 갈등이 있다면 성실히 일하는 모습을 보여라. 전체 이익에 정성을 쏟는다는 걸 보여주는 방법이다. 『진서』〈선제기〉에는 사마의가 일하는 모습이 나온다.

> "사마의는 직무에만 몰두하여 밤에도 잠을 자지 않고 열심히 일
> 하였고, 풀을 뜯고 방목하는 일과 같은 작은 일도 모두 다 물어
> 보고 시행했다."

이런 모습을 본 조조는 비로소 안심했다. 사마의는 끊임없는 견제
와 선택을 피하는 속에서도 자신을 수양하는 걸 잊지 않는다. 지금
의 비서실장 격인 주부직책으로 순욱과 조조를 모실 수 있었다. 배움
의 방법 중 하나는 타인을 통해 배우는 일이다.

조조와 순욱은 다른 스타일로 일한다. 순욱은 뛰어난 책략가이자
행정가로 장막 안에서 실력을 발휘했으며, 후방에서 전쟁이 원활하도
록 도왔다. 하지만 전장에 직접 투입되지 못해 결정적인 현장에는 등
장하지 못했다. 사마의는 순욱에게 문文을 배울 수 있었다.

조조는 야심가였다. 모략에 능숙했으며 전쟁에 직접 뛰어들 만큼
무예도 갖추고 있었다. 그리고 큰 그림을 그릴 줄 아는 정치가였다. 사
마의는 조조에게서 무武와 행동력을 배울 수 있었다. 사마의는 역사
에 등장하지 않았지만 배움은 멈추지 않았다. 조조가 죽고, 조비가
죽은 후 그의 능수능란 모습은 이 시기에 키워졌다고 볼 수 있다.

"발언권은 실력에서 나온다."

　실력이 없으면서 발언만 한다면 꼴불견으로 보인다. 이 세월 동안 사마의는 조조, 순욱, 가후 등을 지켜보며 실력을 쌓았다. 지금 조직에 있다면 보고 배울 선배 하나 정도는 있지 않을까? 없어도 좌절하지 말자. 책도 있고 다른 곳에서 배울 사람을 만들면 된다. 중요한 건 조용히 일만 하고 배움을 포기한 채 유유자적 살면 안 된다는 점이다. 빛을 숨기는 동시에 타인의 장점을 배우는 태도가 중요하다. 30대 사마의는 실력을 숨기고, 자신을 수양했다.

　우리는 종종 자신을 알아주지 않는다며 원망할 때도 있다. 탁월한 실력과 능력이 있어도 그에 맞는 자리나 일을 주지 않는다. 오히려 능력 없는 동기에게 돋보이는 일을 줄 때도 있다. 조직에 있다면 서글픈 일이다. 밀려난다는 느낌과 조급함이 밀려올 수 있다.

　사마의가 조용히 일했던 시기 그는 누구를 원망하거나 조급해하지 않았다. 언젠가 자신의 무대가 올 것을 알고 있었다. 기라성 같은 참모들은 언젠가 수명이 다한다. 또한, 사마의는 조조의 견제 속에서 살고 있었다. 뛰어난 실력과 성과를 냈다 해도 상관의 신임이 없는 상태에서 실력을 발휘하는 건 견제 명분만 줄 뿐이다.

　219년 관우는 삼국 대륙을 뒤흔들고 있었다. 조조는 우금을 대장으로 방덕을 부장으로 관우를 막으라 한다. 방덕은 마등의 수하였다가 조조에게 귀순한 장수다. 대장 우금은 귀순 장수 방덕을 의심하고 있었다. 이 소식을 접한 방덕은 관棺을 짜서 전쟁에 나간다. 관에는 자신이나 관우의 시체를 넣을 생각으로 생사를 걸겠다는 의지였다. 방덕은 관우의 팔에 활을 맞히는 등 일정한 전과를 올렸다. 하지만 대장 우금의 견제로 관우를 죽일 결정적인 순간 후퇴 명령을 받는다. 상관 우금은 방덕을 믿지 못했고, 전공을 독차지하는 걸 경계했다. 결국, 관우의 수몰공격으로 방덕은 역사에 사라진다.

방덕이 상관의 신임이 중요한지 알고 관棺이 아니라 우금과 신뢰를 쌓았다면 삼국지 역사는 달랐을 일이다. 옹졸한 마음을 가진 우금도 문제였지만 상관의 신임이 없는 상태에서 행동한 방덕도 문제가 있다. 좋은 기회가 왔다고 상관을 무시하고 멋대로 했다면 낭패를 보게 된다. 어떤 일을 시작할 때 상관의 마음을 얻는 일부터 해야 성과를 극대화할 수 있다.

자신의 위치와 실력을 알고 묵묵히 일하는 사람을 '자숙형自肅形 인재'라 한다. 자숙형 인재는 처세술로는 가장 무난한 방법이다. 또한, 실력이 부족한 사람도 자숙형 인재를 추구한다면 시간을 무기로 발전할 수 있다.

자숙형 인재가 힘들어하는 건 정치적 소용돌이다. 실력이 완성되지 않았는데 조직에서 발생하는 정치문제에 봉착할 때가 있다. 이럴 때 상대가 나를 바보처럼 생각할 수 있어도 어느 편에 가담하지 않고, 성실히 일하는 모습을 계속 보여야 한다. 성실히 일하는 모습은 누구나 좋아한다. 그리고 어느 편에 가담하지 않겠다는 메시지를 간접적으로 줄 수 있다.

성실히 일하며 조조의 신임을 얻은 사마의는 후계자 조비와 유대관계를 돈독히 한다. 조조가 죽자 사마의에게도 살얼음판 같은 시기가 지나가고 있었다. 이젠 기라성 같은 책사들은 사라지고 낭고상이라는 오해로 자질구레한 일만 해야 했던 그에게 조비의 등극은 새로운 기회였다. 하지만 사마의는 조비를 관찰하기 시작했다.


## ⁝ 리더를 관찰하며 발언한다

처세에 능숙한 사람은 주군이 바뀌면 거기에 따른 처세도 바꾼다. 처세를 바꿀 때 처음에는 관찰이 따라야 한다. 사마의는 조비를 오랜 시간 지켜봐 왔지만, 후계자일 때와 최고통치권자일 때는 다르다는 걸 알고 있다. 조비가 제위를 찬탈하고 황제가 된 후에 사마의는 맹달을 받아들이는 문제와 오로군 침공 등 몇 개의 기록을 제외하고 또다시 등장하지 않는다.

사마의는 조비에게 특별한 존재지만, 조조 때와 마찬가지로 적극 등장하지 않는다. 태자 때 조비와 최고통치권자 조비 때는 분명 차이

가 있었기 때문이다. 사마의는 조비를 관찰하며 그의 본성을 읽어나
간다.

조비는 아버지 조조와 달랐다. 조비는 조조보다 옹졸했고, 잔인했
으며 전쟁의 속성을 알지 못했다. 하지만 야심이 많았다. 조비는 권력
을 잡자마자 대권에 위협이 되는 형제를 문책하며 권력을 공고히 했
다. 그리고 황제를 폐위시키고 스스로 황제를 칭한다. 그의 옹졸함을
보여주는 일이 포훈鮑勳을 죽이고 조홍曹洪을 죽이려고 했던 일이다.

포훈의 아버지 포섭은 전쟁터에서 조조의 목숨을 구한 은인이다.
포훈의 성격은 강직하고 잘못된 일은 바로잡으려 했던 청렴한 인물이
었다. 조직 리더 입장에서 까다롭고 부담스러운 직원이지만, 조직관점
에선 반드시 필요한 인물이기도 하다.

조비는 젊은 시절 사냥을 좋아했다. 어느 날 많은 사람을 이끌고 사
냥을 나가던 조비를 포훈이 막아섰다. 사냥 때문에 국고가 낭비되고
백성에게 피해를 준다는 이유였다. 조비는 아랑곳하지 않고 사냥을 떠
나려 하자, 포훈은 마차를 붙잡고 훈계를 시작했다. 화가 난 조비는
밀치고 나갔다. 포훈은 따라가며 사냥을 막았다. 이 일로 포훈은 강
등당한다. 또 다른 일은 조비가 오나라 침공을 준비할 때였다. 조비는
천하 통일과 안정을 위해 225년 오나라 침공을 결심하고 군사회의를
한다. 강직한 포훈이 막아선다. 명분도 없고, 백성을 피폐하게 하는 전
쟁을 해서는 안 된다는 주장이었다.

리더가 주재하는 회의에 직원들이 보는 앞에서 실랄하게 반대한다면 리더로서는 창피한 일이다. 조비는 포훈을 체포하고 그가 틀렸다는 걸 증명하기 위해 남정을 떠난다. 결과는 조비의 패배였다. 한풀이하듯 조비는 포훈을 죽이려 했지만 반대가 심해 징역형을 선고한다. 하지만 징역형도 과하다는 의견으로 벌금형으로 감형하지만 조비는 포훈을 어떻게든 죽여야 했다. 이런 사실을 알았던 태위 종요, 사도 화흠, 진동대장군 진군까지 상소를 올려 포훈의 용서를 구했다. 조비는 아랑곳하지 않고 사법관을 압박한다. 사법관도 포훈을 죽이는 건 과하다 생각했다. 조비는 꾀를 내어 사법관에게 회의가 있다며 거짓 통보하고 자리를 비운 사이 포훈을 죽여 버린다. 어떻게든 포훈을 죽이고 싶은 조비의 마음을 알 수 있다.

사실 포훈은 전달방법이 과했을 뿐 주장은 모두가 맞는 말이다. 조비가 사사로운 감정이 아니라 대의大義를 생각했다면 포훈의 의견을 따랐거나 적어도 죽이지는 말아야 했다. 하지만 조비는 어떻게든 포훈을 죽였다. 그 모습을 수많은 신하가 지켜봤다.


조홍도 개인적인 원한만으로 죽이려 했다. 조홍은 수많은 전장을 누비며 공을 세운 인물이다. 조비가 태자 시절 돈이 떨어지자 조홍에게 비단 100필을 빌려달라고 했다. 조홍은 전부는 아니더라도 일부만 빌려준다. 『자치통감』에는 조홍이 부자이나 인색한 인물로 기록되어 있다. 이 일이 있고 조비는 제위에 오르면서 꼬투리를 잡아 조홍을 죽이려 한다. 대신들은 물론 조비의 어머니 변태후까지 말려야 했다. 조비는 아랑곳하지 않고 죽이려 하자 변태후는 조비 부인 곽황후를 불러 숙부曹洪를 살리라고 말한다. 조비는 신하의 충언도, 어머니의 말도 듣지 않았지만, 부인의 말은 듣는다.

과거 원한을 꼭 갚으려는 태도와 신하의 말을 무시하고 부인 말만 듣는 조비를 보며 신하들은 리더의 마음 그릇을 알 수 있다. 이 모습을 지켜본 인물 중 한 사람이 사마의였다. 사마의는 포훈, 조홍 사건 때도 어떤 발언을 하지 않았다. 조비의 속 좁음에 자칫 자신도 다칠 수 있기 때문이다.

### ✲✲✲ 묵묵히 일하는 기본가치의 중요성

사마의는 직책에 어울리지 않게 묵묵히 자신 일만 하며 자숙형 인재로 지낸다. 속 좁은 조비는 40세 단명短命한다. 사마의에게는 다시 한번 기회가 왔다는 뜻이다. 사마의는 주군 조비의 유언을 받드는 고명대신顧命大臣으로 조비의 죽음을 지켜본다. 자숙형 인재로 꾸준히 진급하여 자신의 위치를 공고히 했음을 알 수 있다.

음흉한 조조와 속 좁은 조비를 모시면서 살아남은 사마의는 성실히 일하며 때를 기다리는 자숙형 인재로 성장한다. 이런 자숙형 인재는 다섯 가지를 갖춰야 살아갈 수 있다.

첫 번째는 성실의 태도를 분명히 밝힌다.

성실은 쉬운 듯하다. 하지만 가장 어려운 태도다. 일하는 곳에서 탁월한 실력을 발휘해도 규칙과 원칙을 지키지 못하면 실력이 묻힐 수 있다. 성실을 만들어내는 건 일Work 을 대하는 태도다. 일을 생계로만 생각한다면 생계가 해결된 후 태도가 변할 수 있다. 생계를 넘어 '자아실현' 등 보다 깊이 있게 일할 필요가 있다. 자아실현으로 일하는 사람은 생계는 물론 미학적 관점으로도 일한다. 미켈란젤로가 눈에 보이지 않는 곳까지 신경 쓴 건 "내가 알고 신이 보고 있기 때문"이라는 말처럼 성실의 태도가 분명했기 때문이다. 그리고 작품 하나에도 신이 있다는 소명의식과 미학적 의식이 있기에 가능했다.

두 번째는 공식라인을 무시하지 않는다.

사마의는 말을 방목하는 자잘한 문제까지 보고한다. 이유는 공식라인을 지키기 위함이다. 좋은 의도로 했던 일이 오히려 오해를 불러일으키는 경우가 있다. 특히 작은 일이라도 공식라인을 무시한다면 조용한 시절은 넘어가겠지만, 누군가 의도를 가지고 죄목을 씌울 명분이 될 수도 있다. 또한, 공식라인의 끝은 최고결정권자를 향한다. 작은 일이라도 공식라인을 무시하는 건 최고결정권자를 무시하는 일이 될 수 있다.

사마의 자기경영

세 번째는 전격적인 개혁을 단행하지 않는다.

일정한 위치에 올라 힘을 가졌을 때 자신이 생각하는 방향으로 조직을 개혁하려고 한다. 옳은 방향이라도 전격적인 개혁은 위험이 따른다. 전격적인 개혁은 빠른 속도를 낼 수 있지만, 일정한 힘을 부여해준 리더에게 오해를 살 수 있다. 여기에 기존의 가치를 부정하는 모습으로 볼 수 있다. 전격적인 개혁보다 자기 사람을 키우거나, 심는 방법으로 서서히 변화를 추구한다.

네 번째는 배움을 놓지 않는다.

논어에는 후생가외後生可畏란 말이 나온다. "나중에 난 사람이 무섭다"란 뜻으로 공자는 "미래의 그들이 현재의 우리보다 못할 것이라고 누가 감히 말할 수 있겠는가?"라 했다. 나이가 많다고 세상 이치를 깨닫는 것도 아니고 후배보다 못한 실력을 갖출 수 있다. 자숙형 인재는 뛰지 않을 뿐이지 실력이 부족한 사람이 아니다. 실력이 부족하면 내세울 건 나이뿐이다. 배움을 포기하지 말아야 할 이유는 분명하다. 배우지 않으면 때를 기다리는 게 아니라 세월만 흘려 보내는 일이다.

다섯 번째는 리더는 물론 구성원을 평가하거나 험담하지 않는다.

리더는 지금 그 분야에 나보다 더 많은 경력과 경험이 있다. 리더가 부족한 부분이 있어도 그 분야만큼은 나보다 뛰어나다. 리더가 자리에 앉힌 사람을 평가한다면 리더를 평가하는 꼴이다. 그리고 험담은 반드시 칼이 되어 돌아온다.

자숙형 인재의 다섯 가지 특징이다. 묵묵히 일만 하는 모습이 타인의 눈에는 답답해 보일 수 있다. 하지만 기회를 기다리며 스스로 강해지기 위해 쉬지 않는다. 사마의는 자신의 실력을 숨기면서 성실히 일했다. 그리고 자신이 꽃이 필 시기를 대비 실력을 쌓아갔다. 실력을 숨기는 행위가 나쁘다고 생각하면 삼국지 시대와 사마의 환경을 이해해야 한다. 로맨티시스트는 멋지고, 존경받지만 생존을 보장받을 수 없다. 그리고 자신이 원하는 이상향을 시작조차 할 수 없다. 숨겨야 살아남는 환경이다.

최후의 승자나 성공하는 삶을 꿈꾸지 않더라도 성실히 일하는 자세는 정말 중요하다. 명말 청초의 사상가이자 문학가인 고염무가 쓴 『일지록』에는 '필부유책匹夫有責'이란 말이 있다. 풀어보면 다음과 같다.

❚ "천하를 안정시키는 책임은 보통사람에게도 있다."

우리는 사회공헌이란 단어를 거창한 의미로 받아들인다. 하지만 지금 하는 그 일이 사회에 공헌하는 현실적인 방법이다. 고염무는 천하의 안정을 이야기했지만, 현대로 해석한다면 회사의 존망은 평사원도 책임이 있다는 뜻이다. 지금 하는 일이 하찮고, 자신의 능력에 어울리

사마의 자기경영

지 않는다 해도 성실히 전력으로 일하자. 개인 사업체는 물론 회사 존망의 책임도 당신에게 있기 때문이다.

성실히 일하는 사람은 대박이 아니라 축적의 미학을 따라간다. 축적의 미학은 대박이나 요령이 아니라 세월의 조공을 바쳐 쌓아간다. 성실, 노력의 가치가 퇴색되는 시점에서 그 가치를 추구하는 사람은 더욱 대접을 받는다. 사마의는 조조와 조비를 거치며 축적의 미학으로 나아갔다.

3장
현실감각으로 최적화를 선택한다

## ☷ 이기는 것보다 위태롭지 않음을 추구한다

역사 인물을 평가하는 이미지는 세 가지로 분류된다.

역사 이미지 / 문학 이미지 / 민간 이미지

세 가지 이미지를 잘 보여주는 삼국지 인물이 관우다. 삼국지 초반부 관우의 역사 이미지는 유비와 친형제처럼 가까이 지냈다는 정도다. 후반부는 여러 장수의 목을 베는 맹장으로 등장한다. 유명한 '도원결의桃園結義'나 목숨 건 충성을 보여준 '오관육참五關六斬—유비를 만나기 위해 다섯 관문을 지나면서 여섯 장수를 참수 등은 나오지 않는다. 관우의 문학 이미지는 청룡언월도와 적토마를 타고 유비를 위해 목숨을 건 사람으로 나온다. 한마디로 주연급 스토리텔링이다. 관우가 죽자 그가 타고 다닌 적토마는 굶어 죽었다는 내용은 문학 이미지의 정수로 볼 수 있다. 관우의 민간 이미지는 신神이다. 중국은 물론 우리나라 서울 동묘나 충청북도 영동군 '관우사당'이라 불리는 '십이장신당'에는 관우를 신으로 모시고 있다. 관우는 전쟁의 신이며 의리의 신으로 민간에 전파된다. 관우의 문학 이미지와 민간 이미지는 소설, 게임, 영화 등에서 끊임없이 재생산되며 관우는 죽지 않고 영원히 살아가고 있다.

삼국지 문학 이미지를 만드는데 나관중 소설 『삼국지연의』가 큰 역할을 했다. 『삼국지연의』를 많은 사람이 읽었고 삼국지를 대중화하는데 큰 공헌을 했다. 하지만 특정 이미지를 대중에게 각인시킨 역할도 했다. 각인된 인물은 제대로 평가를 받지 못한다. 다행히 후대에 새로운 관점으로 끊임없이 재생산하며 삼국지의 흥미를 높이고 있다.

소설 『삼국지연의』를 전반부, 후반부를 나눈다면 각 파트별 클라이맥스는 조조의 꿈을 좌절시킨 적벽대전赤壁大戰과 선제의 업보를 안고 로맨스를 실천하는 제갈량의 육출기산六出祁山일 것이다. 소설은 당대 천재 육출기산에 제갈량과 사마의를 배치했다. 그 과정을 흥미롭게 하기 위해 사마의를 군량이 떨어지길 바라며 숨어지내기 바쁜 지휘관으로 만들었다. 또한, 사마의는 하늘이 내린 기회를 놓치고, 화공계에 걸려 위기에 빠지자 큰비가 내려 죽음을 면하거나, 죽은 공명의 인형을 보고 달아난다는 극적인 요소도 추가한다. 소설에는 로맨스를 실행하는 제갈량에게 사마의와 대치하는 문학적 한 수를 둔다. 사마의는 삼국지 최후 승자라는 타이틀이 있지만, 『삼국지연의』에는 제대로 된 평가를 받지 못하고 있다.

손무가 쓴 『손자병법』은 이기는 게 아니라 지지 않는 것을 강조한다. 즉 위태롭지 않음을 말한다. "지피지기知彼知己 백전불태百戰不殆"에서 태殆는 '위태로움'을 말한다. 전쟁의 기본은 자신이 위태롭지 않아야 한다. 위태롭지 않은 전술은 이기려는 전술보다 더 많은 세밀함이 요구된다.

사마의는 늘 위태로운 상황을 경계하고 피했다. 그가 내놓은 첫 번째 계책은 현재 상황에서 내놓을 수 있는 최적화된 계책으로 야욕이 아니라 훗날 위태롭지 않음을 추구한다. 첫번째 계책에서 위태로운 대상은 유비의 성장이다. 유비가 성장하면 언젠가 조조를 위태롭게 할 수 있어 예방전쟁으로 불태不殆 전략을 따른다.

219년 조조는 한중을 침공한다. 한중 태수 장로는 승산이 없음을 알고 전쟁을 하지 않는다. 장로는 창고에 쌓인 군량은 하늘이 내려준 선물로 생각해 불태우지 않고 봉인해버린다. 조조는 무혈입성하고 군량을 불태우지 않은 장로를 칭찬하며 진남장군에 임명한다. 한중을 얻은 조조 진영에서는 유비가 있는 성도 진격이 주장한다. 얼마 전 성도를 차지한 유비를 침공할지, 말지를 결정해야 한다. 당시 상황을 『진서』, 『자치통감』, 『삼국지연의』는 비슷하게 설명한다.

사마의 자기경영

주부 벼슬에 있는 사마의가 고했다. '유비가 지금 속임수로 유장을 몰아내고 파촉 땅을 차지했으니 아직 민심을 얻지 못하고 있습니다. 이럴 때 주공께서 한중을 얻었으니 이 소식을 들은 성도에서는 큰 충격을 받았을 것입니다. 이 기회에 군사를 거느리고 파촉으로 나아가서 일거에 몰아친다면 유비는 무너집니다. 지혜 있는 사람은 때를 거스르지도 않지만, 기회를 놓치지도 않는다 하지 않습니까? 이 시기를 놓치지 마십시오.' 이 말을 들은 조조가 탄식하기를 '인생이 괴로운 것은 만족할 줄 모르기 때문이다. 내 이미 농서 땅을 모두 얻었는데 다시 파촉 땅까지 바랄 게 있겠는가?'라며 군사를 이끌고 나아갈 뜻이 없음을 밝혔다.

유엽도 사마의 의견에 동참했지만, 조조는 진군하지 않았다. 조조의 멈춤이 바로 '득롱망촉得隴望蜀'의 이야기로 역사에 등장하는 사마의 첫 계책이다. 한중이 조조의 손에 넘어가자 유비는 큰 위기를 감지한다. 제갈량은 손권에게 강하, 장사, 계양을 돌려주고 합비를 공격해서 조조 군사를 돌리게 하는 계획을 세워놓았다. 유비에게 최대의 위기 상황이었다.

조조는 수비 병력을 남기고 수도로 돌아간다. 조조는 과거의 조조가 아니었다. 체력과 정신적 총명함이 과거 같지 않았다. 조조가 철군하고 난 후 유비는 성도에 안전하게 연착륙한다. 그리고 노장 황충黃忠의 활약으로 한중으로 가는 정군산定軍山을 얻고 하우연夏侯淵의 목을 베고 한중과 동천을 얻는다. 조조는 대도시 장안을 지키는 완충지대를 잃었다. 한중을 잃은 조조는 죽을 때까지 위태함에서 벗어나지 못했다.

사마의 계책은 정확했으며 조조가 일괄되게 주장한 천하 통일과도 일치했다. 미래를 내다보는 사마의의 능력은 탁월했지만, 조조를 설득하지 못했다. 사마의 위치가 순욱이나 가후와 같았다면 조조는 생각이 달랐을 것이다. 또한, 한번 정한 마음을 다시 돌리기에는 위험부담이 컸다. 사마의는 무리하게 주장하지 않고 조조 뜻에 따른다.

## ✳✳ 뿌리를 간파하고 만든 두 번째 전략

사마의의 두 번째 계책은 첫 번째 계책과 상황이 달랐다. 첫 번째 계책은 공격하는 입장이었다면 두 번째 계책은 방어를 넘어 생존의 문제였다. 의기양양했던 조조가 아니라 적 침공에 수도를 옮겨야 하는 큰 위기에서 계책을 내놓는다. 219년 촉나라 오호대장군으로 임명된 관우는 군사를 이끌고 조인이 지키고 있는 번성을 공격했다. 관우의 번성 공격은 삼국지 후반부에 펼쳐질 많은 일을 연결한다. 장비, 유비, 조조, 여몽의 죽음과 육손, 조비의 등장과 사마의의 진급, 오나라

사마의 자기경영

의 번성과 양양 점령 등이다. 그만큼 관우의 영향력은 막강했다.

관우가 번성을 차지하고 완과 허도를 점령하면 조조는 멸망으로 갈 수 있었다. 조조는 우금과 방덕을 보내 관우를 막게 했다. 방덕은 관 棺까지 짜서 관우와의 일전을 준비했다. 하지만 전쟁은 의지만으로 승리할 수 없다. 큰비가 계속 내리는 한수에 수공水攻을 펼치며, 관우는 우금을 사로잡고, 방덕의 목을 벤다. 이 승리로 관우의 자만심이 더욱 강해져 죽음을 앞당겼지만, 조조 진영에도 큰 위기감이 몰려들고 있었다.

조조는 관우의 예봉을 피할 마음으로 수도를 옮길 생각을 한다. 당시 수도를 빼앗기면 멸망한다는 생각이 지배적이었다. 앞에도 이야기했듯 조조는 과거의 조조가 아니었다. 적벽대전에 패하고도 적극 인재를 등용했고 동작대를 지으며 자신의 권력을 공고히 했던 권토중래 조조였다. 하지만 말년에는 관우의 진격으로 수도를 옮기는 것까지 고민하게 된다. 조조의 천도에 대해 『진서』〈선제기〉에서 사마의는 단호하게 반대한다.

"우금 등 부대가 수공에 의해 패배했지만, 지키는 싸움에서 잃어버린 바가 있는 것은 아닙니다. 국가의 대계로 보면 아직 잃은 바가 없습니다. 그런데 경솔하게 도읍을 옮기면 적들에게 약함을 보이는 것일 뿐 아니라 회와 면 일대의 백성을 크게 불안하게 할 것입니다. 손권과 유비는 겉으로 친한 듯해도 내심으로는 소원하니 관우가 승리하여 뜻을 이루는 것은 손권이 바라는 바가 아닐 것입니다. 손권에게 하여금 관우의 후방을 견제하라고 하면 번성의 포위는 자연히 풀릴 것입니다."

조조는 사마의 의견을 받아들인다. 사마의는 예전의 사마의가 아니었다. 상황을 냉철하게 보고 위, 촉, 오나라의 역학 관계의 본질을 알고 있었고, 최적의 전략을 제시했다. 누구에게 의지하거나 막연한 희망을 품는 게 아니라 지금 주어진 자원과 환경에서 최적화를 끌어 낸다. 희망은 품으면서 철저히 현실을 반영한 계책이다.

조조는 서황에게 군사를 주고 번성을 방어하는 한편 손권에게 밀서를 보내 관우의 배후를 치게 한다. 손권 역시 관우의 확장이 반갑지 않았다. 더욱이 관우와 정략결혼 과정에서 "호랑이의 자식을 개와 결혼할 수 없다"는 말로 손권을 자극한 상태다. 훗날 관우는 신神으로 모셔질 만큼 위대한 인물이지만 그 위대함이 자만으로 바뀌어 죽음을 앞당기게 된다.

『삼국지연의』에는 조조의 밀서를 받은 손권이 여몽에게 대책을 강구시킨다. 강하를 지킨 여몽은 병이 난 척 이름도 없는 서생 육손을 총사령관으로 임명하며 관우의 눈을 흐린다. 육손은 저자세로 일관하는

사마의 자기경영

편지와 선물을 보내 관우의 긴장을 풀어놓는다. 긴장이 풀린 관우는 번성공략에 적극 임한다. 그럴수록 후방은 비어있게 된다. 관우도 만약을 대비해 봉화대를 지어 대비한다. 하지만 거짓으로 병이 난 여몽이 봉화대를 점령하고 관우를 궁지에 몰아넣는다. 맥성으로 도망간 관우는 최후 결사항전 하다 죽는다. 관우의 목은 소금으로 절여 조조에게 보내진다. 중원을 뒤흔든 관우가 사라진 순간이다. 관우가 죽고 세월을 이기지 못한 조조도 죽음을 맞이한다.

도원결의 의형제 관우의 죽음에 유비는 복수를 불태운다. 관우 죽음에 직접적 원인을 준 조조나 사마의에게는 관심도 주지 않고 유비는 오나라를 공격한다. 공격과정에서 장비는 부하에게 암살당하고 유비는 오나라의 젊은 총사령관 육손의 화공계에 걸려 수도 성도로 돌아가지 못하고 백제성에서 죽는다. 손권을 제외하고 삼국지 창업주들이 세상에서 사라진 순간이다.

사마의 두 번째 계책은 위, 촉, 오 관계와 개인의 성격 등을 종합적으로 고려한 계책이다. 사마의가 이런 계책을 내놓을 수 있는 건 피상적인 문제가 아닌 뿌리까지 파악하는 능력이 있기 때문이다. 많은 사람은 표면만 보고 문제에 집중하는 경향이 있다. 특히 빠름을 예찬하는 현대인은 이런 경향이 뚜렷하다. 사마의는 관우 문제를 군사적 충돌을 넘어 외교적, 심리적 측면에서 접근했다. 이런 관점을 변화시킬 수 있었던 건 뿌리까지 파악할 능력이 있기 때문이다. 뿌리까지 파악하기 위해선 정보를 게걸스럽게 먹고 소화해야 한다.

손권과 협공 계책을 펼칠 때 사마의 직책은 승상군사마 丞相軍司馬
로 지금으로 말하면 총리실에서 군사작전을 담당하는 직책이다. 이로
미루어볼 때 사마의는 보고되는 사소한 정보도 허투루 보지 않고 위,
촉, 오 세 나라의 큰 그림을 저장했다. 큰 그림 속에서 그는 세세한 내
용까지 완성했다. 그리고 위기가 왔을 때 뿌리를 타격할 구상이 나올
수 있었다.


## ⁝ 승리보다 더 가치 있는 '족함'

과거, 현재 모두 전쟁은 국가 중대사며 최후수단으로 사용한다. 전
쟁은 인명피해, 재산피해, 출구전략비용 등 많은 걸 희생한다. 그래서
최후수단이다. 이 전쟁의 기본원칙은 속전속결 速戰速決이다. 속전속결
에 필요한 건 상대방 힘의 원천, 즉 뿌리를 타격할 능력이다.

베트남전 당시 미군은 속전속결을 위해 강력한 화력을 앞세워 월
맹군을 공격했다. 하지만 실체가 불분명한 월맹군과 싸움은 쉽지 않
았다. 미군은 월맹군의 뿌리를 타격하고 싶어도 이렇다 할 공격목표
를 찾지 못했다. 월맹군 보응우옌잡 장군은 미군이 원하는 정확한 타

격목표를 거짓 제공하는 등 혼란을 준다. 대표적인 전투가 케산Khe Sanh이다. 케산 전투에서 월맹군은 큰 손해를 입었지만, 훗날 상황을 역전시키는 구정대공세테트공세를 펼칠 발판을 마련한다.

미군이 화력으로 속전속결을 추구할 때 월맹군은 자신의 뿌리를 철저히 숨기고 거짓 정보와 지연 전략으로 승리했다. 미군이 월맹을 밀림 속에서 총 한 자루로 대항하는 세력이 아닌 객관적 정보로 뿌리를 파악하고 타격했다면 전쟁을 달라졌을 것이다. 뿌리를 타격할 능력은 전장을 넘어 외교, 심리 등의 큰 그림을 보는 능력이다.


큰 그림과 뿌리가 무엇인지 알고 있던 사마의에게 첫 번째 촉나라 침공 계책과 두 번째 관우를 막는 계책은 상황이 달랐다. 첫 번째 계책은 확장을 위한 계책이었다면 두 번째 계책은 생존과 직결된 계책이었다. 그래서 어느 때보다 강하게 밀고 나가야 했다. 앞에도 이야기 했듯 조조는 호랑이 같은 군주다. 부하들의 말을 잘 경청했지만, 자신을 무시했다는 느낌을 받으면 죽음을 피할 수 없다. 사마의는 계책을 내놓는 방법도 최적화했던 셈이다.

최적화 계책을 내놓는 사마의의 문학적 이미지는 운이 좋고, 도망 다니기도 바쁘며 단 한 번의 쿠데타로 세상을 얻은 사람으로 나온다. 문학적 이미지가 만들어낸 사마의 모습이다. 두 번째 계책에서 보듯 사마의 역시 자신 옳다고 믿는 것에서는 위험을 무릅쓰고 의견을 낼 줄 아는 사람이다.

사마의가 제갈량에게 농락당한 대표적인 사건 중 하나가 공성계다. 공성계 자체가 소설이 만들어낸 허구일 가능성이 크지만, 그 안에서 사마의는 최적화를 선택한 인물임을 알 수 있다. 228년 마속의 오판으로 전쟁에 패한 촉나라는 철군 한다. 위나라 사마의도 철군하는 군대를 놓칠 수 없어 추격한다. 공격하는 사마의와 막는 제갈량. 둘은 서성에서 만나게 된다. 서성은 전투를 앞둔 곳이라 생각할 수 없을 정도로 조용했다. 문은 활짝 열려있고 조용함을 넘어 손님을 맞이하듯 성문 앞은 깨끗했다. 그리고 누구 하나 지나가지 않았다.

철군 과정에서 제갈량은 사마의의 추격이 신속할지 몰랐다. 또한, 서성의 촉나라 군사는 2,500여 명으로 15만이 넘는 위나라 군대를 상대하기는 애초에 불가능했다. 살아남는 방법은 상대를 기만하는 일이다. 제갈량은 사마의를 기만하는 전략을 세운다. 바로 모험주의를 피하는 사마의 성격을 이용하는 방법이다. 제갈량은 서성의 성문을 활짝 열고 주변을 깨끗이 청소시켰다. 그리고 2,500명 군사를 성문 안쪽에 매복시킨다. 제갈량은 소란을 피우거나 큰 소리를 내는 군사는 엄히 다스린다는 명령을 내린다. 모든 준비를 마치고 속임수의 마지막이자 최고의 미끼가 될 제갈량 자신은 성문에 올라 양쪽에 동자를 두고 거문고를 연주한다. 사마의를 대빈 맞이하듯 준비시켰다. 모든 속임수가 끝났다. 이젠 속아줄 사람만 나타나면 된다.

사마의는 서성으로 진군하며 척후병의 보고를 받는다. 척후병은

사마의 자기경영

있는 그대로 보고한다. 사마의는 의아해하며 직접 가본다. 정말로 제갈량이 태평하게 거문고를 연주하고 있었다. 사마의는 결정해야 할 시기가 왔다. 돌격을 외쳐 서성을 점령하고 제갈량을 사로잡을 것인가, 아니면 제갈량이 숨겨놓은 계략이 있으니 퇴각을 명령할 것인가를 말이다.

제갈량은 선제유비와 약속한 로맨스를 실행하고 싶어 한다. 사마의는 로맨스를 막아야 했다. 제갈량은 거문고를 연주하며 사마의에게 선택의 공을 넘겼다. 사마의는 돌격을 외칠지 철수할지 결정해야 했다. 결론부터 말하면 사마의는 철수를 명령한다. 철수하는 사마의 군대를 보고 제갈량도 서둘러 철수한다.

빈 서성을 점령한 사마의는 민생안정을 위해 군민회의를 연다. 그리고 서성의 상황이 어떠했는지 묻는다. 누군가 서성은 2,500명의 군사밖에 없다고 말한다. 제갈량의 계략을 알아버린 사마의는 "나는 제갈량에 미치지 못한다"란 말을 남긴다. 여기까지가 『삼국지연의』 내용이다.

제갈량 공성계는 소설로 허구에 가깝다. 소설은 사마의를 제갈량에 미치지 못하는 인물을 만들어버렸다. 사마의가 돌격을 외치지 않은 이유가 무엇일까? 사마의 큰아들 사마사마저 퇴각을 의아해하며 따지는 장면이 나온다. 사마의는 "너는 제갈량을 모른다"란 말을 남기고 퇴각을 한다.

제갈량이 정말 성문 위에서 거문고를 연주하고 있다면 화살을 쏘거나, 정찰대를 조직해 군사 일부만 서성으로 보내면 된다. 군사적 지식이 없는 사람도 할 수 있는 기초적인 방법이다. 사마의는 모든 걸 무시하고 퇴각을 명령했다. 왜 그랬을까? 위나라의 골칫거리이자 기마병으로 구성된 공손연을 1년 만에 격파한 사마의는 정말 바보였을까?

라이벌은 참으로 묘한 존재다. 라이벌이 있기에 내가 존재할 수 있다. 라이벌이 사라지면 나도 사라지는 게 역사의 가르침이다. 한나라 통일을 이루는 데 큰 공을 세운 한신은 라이벌이 사라지자 유방에게 헌신처럼 버려진다. 고려에서 조선 건국의 큰 그림을 그린 정도전 역시 라이벌이 사라지자 1차 왕자의 난으로 헌신처럼 버려진다. 흔히 있는 권력세계 토사구팽兎死狗烹이다.

제갈량이 존재하기에 사마의는 존재할 수 있었다. 사마의는 등장부터 조씨 가문과 신하들의 견제를 받아야 했다. 사마의는 제갈량과 전쟁에서 쉽게 이겨서도 안 되고 패배해서도 안 되는 애매한 위치였다. 쉽게 이기면 조씨 가문에게 미움을 받을 수도 있으며, 탁월한 그의 능력을 시기하는 사람이 더욱 늘어날 일이다. 만약 패배한다면 때를 기다렸다는 듯 견제세력이 그를 죽이려 들 것이다.

사마의가 제갈량을 사로잡으면 100점짜리 전쟁으로 천하 통일을 할 수 있었지만, 자신은 역사 속에서 사라질 상황까지 갈 수 있다. 즉 토사구팽당할 수 있다. 사마의는 자신의 일신과 위치를 보존하는 한편 전쟁에 궁극의 목적인 촉나라 진출을 막는 것으로 만족함을 택했다. 시험에서 100점이 아니라 80점에서 만족하는 수준이다. 이 모든 것에 정점을 "나는 제갈량에 미치지 못한다"는 말로 마무리한다.

삼국지를 읽었다면, 정확히 말하면 나관중이 집필한 소설 『삼국지연의』를 읽었다면 공성계에서 신통방통한 재주를 부린 제갈량에게 깊은 인상을 받았을 것이다. 하지만 사마의는 한 수 위 전략을 선택했다. 완벽이 아니라 만족함을 선택하는 일이다. 제갈량은 끊임없이 위나라를 침공했고, 조씨 집안이 의존할 수 있는 사람은 사마의뿐이다. 사마의는 제갈량 때문에 자신의 위치를 공고히 할 수 있었다. 제갈량을 막을 사람은 사마의라는 인식은 그를 삼국지 최후의 승자로 만드는 결정적인 역할을 한다.

사마의는 내부, 외부 견제 등 많은 불리한 상황에서 전략적 오류를 범하지 않았다. 전략적 판단에서 큰 희생과 인위적인 모습이 아닌 지금 환경과 위치에서 최대치 창의력을 발휘하는 전략을 선택했다.

우리가 사마의에게 배워야 할 점은 분명하다. 아무리 노력해도 상황이 언제나 좋을 수 없다. 불리한 상황이 왔을 때 좌절하지 않고, 누구에게 의지하지 않으며 지금 내 손에 있는 것을 가지고 문제를 해결하려는 창의적이고 적극적인 자세다.

우리는 무언가 선택할 때 상像을 보고 판단한다. 사람은 정보를 얻는데 눈에 보이는 것에 많이 의지하기 때문이다. 그래서 오류를 범한다. 현명한 사람은 눈에 보이는 것을 넘는 혜안慧眼이 필요하다. 사마의는 상을 벗어나 본질, 뿌리를 보는 혜안을 가진 사람이다.

## 전략적 오류를 범하지 않는 혜안

전략적 오류를 범하지 않는 혜안을 가지는 방법을 사마의를 통해 배울 수 있다.

첫 번째는 어떤 상황에도 감정에 휘둘리지 않는다.

감정에 휘둘리면 정보를 종합하는 기본적인 행동도 할 수 없다. 아무리 다급해도 상황을 객관적으로 볼 수 있어야 한다. 그 시작이 감정을 자제하는 일이다. 사마의는 어떤 상황에서 화를 내거나 한없이 기뻐하는 장면이 나오지 않는다. 비인간적인 모습으로 비칠 수 있지만 사마의의 상황이 그러했다. 감정조절을 위해 감정을 누르는 글귀나 방법을 미리 찾을 필요가 있다.

두 번째는 운명을 더 큰 초점에 맞춰라.

눈에 보이는 상에 휘둘리는 이유는 더욱 큰 목적이나 목표가 없기 때문이다. 크고 정확한 목적이나 목표가 있는 사람은 작은 일에 휘둘리지 않는다. 사마의는 목숨이 가벼운 시대에 생존은 물론 자신의 가문을 지켜야 하는 목적이 있었다. 조조의 견제와 제갈량의 놀림에도 참고 견딜만한 이유가 있었기 때문이다.

세 번째는 내가 가진 자원에만 의존한다.

창의력은 남에게 나오지 않는다. 의존할 누군가 있다면 창의력은 떨어진다. 내가 가진 자원을 객관적으로 보고 극대화할 방안을 찾아야 한다. 외부의 힘을 빌릴 수 있지만, 주도권은 언제나 내가 가지고 있어야 한다.

네 번째는 상상력을 마음껏 용인해라.

어떤 일을 선택할 때, 선택 후 미래를 상상한다. 상상은 혜안이 된다. 상상이 모자란다면 손에 쥔 카드가 부족하다. 상상으로 만든 혜안은 다양한 카드를 만질 수 있어야 한다. 상상력은 다양한 카드를 만들어낸다. 현실을 기반으로 한 상상력을 마음껏 펼쳐라. 상상은 자유고, 상상은 카드가 될 수 있다. 당신이 선택할 수 있는 카드가 많다면 급할 것도 없다.

중국 고전 중 하나인 『중용』은 삶의 지혜에 많이 활용된다. '중용'은 중간에 있다는 뜻보다 최적화된 걸 선택한다는 의미다. 실용적인 측면이 강하다. 우리 삶에 뭐든지 최고만 주어진다면 자만에 빠질 수 있다. 최적화는 '족함'을 기본으로 한다. 위기가 왔다면 기회로 활용하는 것이 아니라 위기를 벗어났다는 만족, 상사가 반대하면 끝까지 대적하기보다 목소리만 냈다는 것에 만족, 적이 침공했다면 반격이 아니라 막아내는 만족을 말이다.

문제없는 삶은 없다. 중요한 건 문제를 해결하는 태도다. 지금 있는 자리에서 최적의 방법을 찾자. 위태로운 완벽보다 만족을 주는 최적함을 택하는 게 현명하다는 걸 사마의를 통해 알 수 있다.

# 4장
# 세상에 배신당해도 원망하지 않는다

## ∷ 큰 그림을 가지고 갔던 척박한 땅

"곡식은 주인의 발소리를 들으며 자란다"란 옛말이 있다. 무엇이든 관심과 정성을 쏟으면 좋은 결과가 있다는 뜻이다. 슬프게도 관심과 정성을 들여도 배신하는 유일한 존재가 있다. 바로 사람이다. 사람만이 그 속을 알 수 없다. 그래서 가장 재미있는 구경이 사람 구경이고, 내 노력과 상관없기에 사람 배신이 가장 가슴 아픈 일이다.

좋은 뜻으로 행한 일인데 오해받아 사람에게 배신당하면 그것보다 허탈한 일도 없다. 조용히 살고 싶은 사람이라도 사회가 놔두질 않기에 살면서 누구나 한두 번은 배신을 당한다. 중요한 건 배신당하고 난 이후 태도다. 세상을 원망하고 술을 진탕 마시며 잊는 방법도 있고, 다시는 사람을 믿지 않고 자신을 가두고 살 수도 있다. 반대로 전화위복轉禍爲福의 기회를 만들어내는 일도 있다. 전화위복은 공짜로 주어

지지 않는다. 이 전화위복 태도와 방법을 사마의에게 배울 수 있다.

조조가 죽고 장남 조비가 권력을 이어받는다. 조비는 대권에 위협될 만한 형제들을 제거한다. 이후 한나라 황제 헌제를 폐위시키고 자신이 황제로 등극한다. 한나라 부흥을 외친 유비는 '하늘 아래 두 태양은 없다'라는 불문율을 깨고 조비에게 대항하듯 황제를 자처하게 된다. 하지만 어릴 때부터 체계적으로 제왕 교육을 받지 못한 유비는 관우 복수에 눈이 멀어 손권을 공격한다. 황제로서 큰 그림을 그리지 못한 일이다. 손권을 공격하는 과정에서 장비마저 암살당하자 유비는 이성을 잃는다. 살기 넘치는 촉나라 군대를 막기 위해 손권은 조비에게 도움을 요청한다. 조비는 손권을 도와주기 위해 사신을 파견한다.

손권은 조비 사신을 멀리까지 나가 예를 다해 맞이한다. 사신 형정邢貞은 방자하게도 수레에서 내리지 않고 거드름을 피운다. 이때 오나라 원로 대신 장소張昭는 무례한 사신에게 목을 치겠다며 소리치지만, 손권은 장소를 꾸짖고 사신과 나란히 성안으로 들어간다. 이 모습을 본 오나라 장수 서성徐盛은 대성통곡하며 울분을 토해낸다. 그래도 손권은 끝까지 예를 다했고, 조비의 신하임을 자처했다. 이러한 저자세로 살기 가득한 촉나라 군대를 막는데 조비의 도움을 얻는다.

여기서 리더의 태도를 볼 수 있다. 사신에게 소리친 장소는 행정관

사마의 자기경영

리였고, 서정은 전쟁터에서 싸움하는 장수였지만 손권은 한 나라의 운명을 책임질 군주다. 유비도 자신이 한 나라의 운명을 책임질 군주임을 알았다면 관우의 복수가 아니라 한나라 부흥을 위해 다른 전략을 선택했을 일이다. 큰 그림을 그릴 줄 아는 리더의 태도다.

삼국지에서 국력 차이를 알고 큰 그림을 그린 리더 중 한 명이 유선이다. 촉나라는 유비가 죽고 아들 유선이 권력을 이어간다. 유선은 바보의 대명사 '아두阿斗'라는 별명이 있지만, 왕위를 이어받은 삼국지 2세들조비, 유선, 손량 중 가장 오랫동안 권력을 유지했다. 말년에 무당에게 의지하며 국사를 그르쳤지만, 그 외에는 재평가가 필요하다. 유선이 국력과 군사력에서 3배나 넘는 위나라 침공을 주야장천晝夜長川 외치는 제갈량에 반대했던 건 황제로서 당연한 의견일지 모른다. 제갈량은 로맨스를 실행해야 했지만, 유선은 황제로 나라와 백성을 생각해야 했다.

유선의 총명함을 볼 수 있는 이야기가 있다. 촉나라가 망하고 유선을 위로하는 연회에서 고향이 생각나는지 묻는다. 유선은 생각나지 않고 전쟁이 없는 평화가 좋다고 말한다. 이 모습을 본 사람들은 유선이 정말 바보라 판단한다. 아무리 바보라도 고향은 생각나는 법이다. 유선은 망국亡國의 황제로 자신이 바보로 보이지 않으면 생존할 수 없었다. 바보 연기는 망국 황제의 생존법이었다.

사마의로 돌아와 보자. 사마의는 쿠데타로 정권을 잡은 사람이다. 하지만 처음부터 쿠데타를 계획했던 건 아니다. 20살 때 연극으로 조조의 부름을 피했고, 첫 계책을 낼 때까지 등장하지 않았다. 조진을 도와 위나라를 지켰다. 조진의 아들 조상이 자신을 견제하자 쿠데타를 계획했다.

쿠데타 이전에 사마의의 계책과 행동은 위나라 신하로서 황제와 백성을 위해 활동했다. 그중 하나가 조비에게 제안한 최소비용으로 최대 효과를 누리는 '오로군 침공'이다.

조비가 황제로 등극하고 촉나라 침공을 계획한다. 책사 가후는 반대했지만, 조비가 의지를 보이자 사마의는 오로군 침공 계책을 제안한다. 선비국, 남만병, 오나라 그리고 위나라를 동원하는 큰 그림이다. 조비는 사마의 계책을 받아들이고 오로군 침공을 지시한다. 오로군 침공에서 사마의는 큰 방향만 제시했을 뿐 군사규모, 진로방향, 외교적 문제 등 구체적인 사항을 제안할 수 없었다. 전쟁에 반대한 책사 가후가 있었고, 사마의 주변에 견제세력이 존재했기 때문이다. 사마의가 큰 방향만 제시한 오로군 침공은 제갈량의 탁월한 용병술과 전술 안배로 조용히 끝낸다. 구체적인 사항까지 사마의가 제시했다면 전쟁 양상은 크게 달라졌을 일이다.

오로군 침공을 막아낸 촉나라 제갈량은 후방을 안정시킬 필요가 있었다. 남만정벌의 시작이다. 남만왕으로 불리는 맹획을 7번 잡아, 7

번 놓아주는 '칠종칠금七縱七擒'으로 확실히 제압하고 전리품으로 상당한 자원을 얻는다.

삼국지에서는 칠종칠금을 대국의 관대함으로 이야기하지만 칠종칠금은 강대국의 지배 논리로 볼 수 있다. 여기서 짚고 넘어야 할 게 있다. 맹획이 7번 저항하지 않고 포로로 잡히는 즉시 항복했다면 강대국인 촉나라는 더욱 가혹한 전리품을 요구했을지 모른다. 끝까지 저항했기에 맹획은 자신의 지위는 물론 남만국을 보존할 수 있었다. 역사는 강자의 논리로 맹획을 7번 잡히는 바보로 만들었다.

맹획을 잡은 촉나라는 국력이 커지면서 위나라 공격에 큰 힘을 얻는다. 국력이 강해지면 상대 국가는 긴장할 수밖에 없다. 사마의도 이 점을 알고 있었다.

제갈량이 남만정벌을 한 시기. 위나라 황제 조비는 40세에 죽는다. 조비의 어린 아들 조예曹叡가 황제가 된다. 조비는 죽기 직전 사마의와 조진에게 후사를 부탁한다. 조비의 죽음은 아버지 조조부터 이어온 천하 통일 의지가 줄어드는 계기가 된다. 사마의는 물론 많은 신하가 천하 통일보다 중상모략이 난무하는 궁정정치에 관심을 둔다는 뜻이다.

조예가 황제에 오르자 사마의는 스스로 표기대장군을 지원해서 척박한 땅인 옹주와 양주에서 군사를 거느리는 사령관이 된다. 중앙정치에 있던 사마의가 변방의 사령관을 선택한 이유는 크게 두 가지로 볼 수 있다.


첫 번째는 군사양성이다.

오로군 침공 실패는 단순한 전술 실패가 아니다. 외국 군대에 의존해야 하는 위나라의 근본적 한계를 드러낸 자원부족이었다. 사마의는 척박하지만, 군사훈련과 양성이 유리한 옹주와 양주를 선택했다. 이 곳에서 군사를 양성하겠다는 뜻이다. 위나라의 앞날을 고민한 흔적 중 하나다.


두 번째는 정치적 목적이다.

조조, 조비가 사라지면서 사마의는 중상모략이 가득한 궁정정치 한 가운데 있었다. 자칫 권력투쟁에서 밀려나면 목숨이 위태로울 수 있다. 복잡한 중앙무대에 있느니 차라리 훗날을 도모하자는 판단이다.


2차 세계대전에 '사막의 여우'로 알려진 아르덴 롬멜 장군. 현재도 그의 군사적 전술은 유효하다. 롬멜이 진가를 발휘한 곳은 북아프리카 전장이다. 독일 베를린은 끊임없이 그를 견제하는 세력이 있었고, 유럽은 도시, 숲, 강 등 기동전술을 방해하는 것들 천지였다. 하지만 북아프리카는 견제하는 세력도 없었고 허허벌판 사막은 기동작전을 구사하는데 최적지다. 롬멜은 중앙무대를 떠나며 그의 진가를 발휘했다.

사마의 자기경영

모든 일이 그러하듯 사람이 모인 곳에서 자본과 권력이 나오지만, 사람 때문에 배신당하고 이용당하다 버려질 수도 있는 법이다. 무대가 작더라도 떠나는 일이 더 현명할 때가 있다. 사마의는 중앙무대에 들어간 후 조조, 조비의 견제 속에 살아야 했다. 긴장을 풀지 못하는 삶을 이어갔다. 조예의 등장은 긴장감을 더욱 고조시켰다. 긴장의 연속에서 사느니 중앙을 떠나는 동시에 나라의 미래를 생각하는 포석을 둔다. 중앙정치를 버리고 척박한 옹주와 양주로 간다.

### *** 근거 없는 소문으로 배신자가 되어도

남만국을 정벌하고 얻은 자원으로 제갈량은 위나라 정벌을 준비한다. 그 과정에서 놀라운 사실을 알게 된다. 사마의가 군사를 양성하고 있다는 소식이다. 제갈량은 사마의가 제거되어야만 위나라를 정벌할 수 있다고 믿었다. 마침 마속馬謖이 제안한 모략으로 사마의를 제거하려 한다. 모략은 사마의가 쿠데타를 준비한다는 소문이다. 소문을 만들어낸 과정에 등장한 거짓 방문榜文이 『삼국지연의』에 상세히 나온다.

> "표기대장군 총령 옹주와 양주 땅 병마사 사마의는 신의로서 천하에 고한다. 옛날 태조 무황제조조께서 나라를 세우시고 자건조

식을 세워 이 나라 주인으로 삼으라 하셨으나 불행히도 간특한 신하들이 중상모략해서 참다운 주인은 때를 만나지 못하고 오랫동안 숨어 계심이로다. 황손 조예는 원래 덕이 없건만 망령되어 황제 위位에 앉았으니, 이는 태조의 남기신 뜻을 저버림이라. 내 이제 하늘의 뜻에 따르고 백성이 바라는 바를 따라 날을 받아 군사를 일으키고 천하의 소원을 풀어주려 하노니 이 방문이 이르는 날에 다 함께 새 황제를 절대 지지하라. 만일 따르지 않는 자가 있으면 그 일족까지 멸하리라. 우선 알리노니 삼가 명심하라."

이 방문이 곳곳에 붙여지자 황제 조예는 즉시 신하들을 소집한다. 평소 사마의 용병술과 능력을 걱정했던 신하들은 물 만난 물고기처럼 사마의를 공격했다. 특히 태위 화흠華歆은 방문을 직접 들고 황제에게 고한다.

"지난날 태조 무황제조조께서 일찍이 신에게 말씀하시길 사마의는 독수리 눈이며, 돌아볼 때 몸이 앞낭고상에 있느니 결코 그에게 병권을 맡겨서는 안 되며, 그가 군사를 거느리면 언젠가는 나라에 큰 불행이 일어날 것이라 하셨습니다. 이제 그가 반역의 의지를 보이니 속히 죽여 버려야 합니다."

화흠의 이야기를 들은 대장군 조진은 반대에 나선다.

"문황제조비께서 세 사람사마의, 조진, 진군을 불러 폐하조예를 보좌하도록 유언하신 것은 사마의에게 딴 뜻이 없다는 것입니다. 방문의 진위도 모른 채 사마의를 내치면 도리어 반란을 일으킬 수 있습니다. 그뿐만 아니라 우리는 파촉이나 동오의 세작들의 반간계에 걸려들어 임금과 신하 간에 혼란이 일어날지도 모르며 그 틈에 적이 우리를 침공할지 모릅니다. 신중해야 합니다."

황제란 자리는 선택의 연속이다. 어떤 선택을 하느냐에 따라 많은 것이 달라진다. 조예는 과거 조조, 조비와는 확연히 달랐다. 전쟁경험도 없으며 천하 통일 같은 뜻을 품기에 어린 나이였다. 사마의의 진가를 알지 못한 조예는 사마의를 좌천시킨다. 병권을 완전히 빼앗고 한직에 머물게 한다.

이 소식을 접한 제갈량은 마치 기다린 듯 두문불출하고 문학작품이라 불리는 출사표를 작성한다. 출사표를 유선에게 올리고 위나라를 침공한다. 위나라는 사마의가 부재한 상태에서 실전경험이 없는 하후무夏候楙를 총사령관으로 제갈량을 막아보지만, 농락만 당할 뿐이다. 이어 총사령관이 된 조진도 제갈량을 감당하지 못했다. 제갈량이 한중을 넘어 장안을 점령하고 허창을 침공하면 위나라는 멸망이었다. 보다 못한 태위 종요鍾繇가 사마의 복권을 주장한다. 사마의의 재등장이다.

척박한 땅에서 나라를 지키겠다는 큰 그림으로 군사를 양성했지만, 배신자라는 오명으로 사마의는 한직으로 좌천된다. 이 시기 자녀교육에만 힘썼다는 기록을 제외하고 나머지 기록은 찾을 수 없다. 기록이 없다는 건 그가 말없이 묵묵히 참고 견뎠다는 뜻이기도 하다.

잘나가는 중앙정치 정점에 있다가 나라를 위해 척박한 땅에서 고생하는 데 딴마음을 품고 있다고 좌천된 사람의 마음은 어땠을까? 더욱이 3대에 걸쳐 충성한 조직에서 근거도 없는 종이 한 장에 배신할 사람이라는 낙인은 견디기 쉽지 않은 일이다. 더 황당한 건 나라가 위기라 복권해줄 테니 군대를 지휘해 제갈량을 막으라는 명령이다.

이런 상황에서 평범한 사람이라면 세상을 원망하고 욕하고 다녔을 일이다. 아니면 토사구팽당한 한신처럼 정말 반란을 준비하고 있을지 모른다. 긴 안목으로 삶을 보는 사마의는 어땠을까?

## :: 좌천左遷, 삶을 돌아보는 소중한 시간으로

좌천된 사마의의 나이는 48살이다. 지금의 48살과 삼국지 시대에 48살은 차이가 있다. 당시 평균수명을 정확히 알 수 없지만, 수명을 다해서 죽어도 이상할 게 없는 나이다. 나이를 생각하면 위태함과 긴장 속에 살기에는 시간이 부족했다. 그리고 그동안 믿고 따른 조씨 가문에 심한 배신감을 느꼈다. 조예가 어리고 사리분별을 못해도 현명한 대신들이나 조씨 가족들은 자신을 지켜야 하는 것 아닌지 의문을 품을 수 있다. 큰 배신감 가운데 자신의 수명을 계산한 시기다.

이 시기 사마의는 기본전략을 바꾼다. 자신은 물론 가문, 그리고 위나라까지 재정립하는 큰 그림을 그린다. 이 큰 그림을 실행하려면 위나라에 자신이 없어서는 안 되는 존재로 각인시킬 필요가 있다. 각인에는 제갈량이 필요했다.

평생 잘나가는 인생은 존재하지 않는다. 권력이든 사업이든 최고 정점일 때가 위태롭다. 말도 안 되는 일로 좌천될 수도 있다. 우리는 종종 뉴스를 통해 한 번의 좌천으로 회복 불능 상태까지 가는 사람을 볼 수 있다. 좌천이라는 당면한 이슈에 사로잡혔기 때문이다. 특히 명예를 중요시하는 사람은 상심이 매우 클 수밖에 없다. 좌천은 인생을 되돌아보는 소중한 시기로 바꿔놓았다.


좌천 시기 사마의 기록은 없다는 점을 주목해보자. 만약 자신의 억울함을 알리고 싶어 유서를 쓰고 자살했거나, 건강을 버리면서까지 술을 마셨거나, 황제를 원망하는 소리를 했다면 억울함을 못 참고 생을 마감하는 사람으로 끝났을 일이다. 그는 초연히 상황을 돌아보고 삶을 재정립하는 시간을 가졌다고 볼 수 있다. 재정립의 성과는 훗날 배신자 맹달 제거, 조진과 촉나라 침공, 제갈량 육출기산 방어, 공손연 제거, 쿠데타로 이어진다. 좌천되었다고 실망하기보다 사마의처럼 삶을 돌아보는 현명함이 필요하다.

조선에도 좌천 시기에 자신을 완성한 인물이 있다. 다산 정약용이다. 정약용의 유배는 개인에게 큰 불행이지만, 조선 지식사에는 매우 큰 행운이다. 그는 복숭아뼈까지 뭉개질 정도로 독서와 집필에 열중하며 500여 권의 저서를 남겼다. 500여 권의 책 중 일부는 지금도 활용될 정도로 가치가 높은 기록 유산이다. 이 방대한 일을 정약용이 아니면 할 수 없었고, 강진에 유배되지 않았다면 할 수 없었던 일이다.

정약용은 1801년 천주교 박해로 강진으로 유배된다. 유배 초기 견디기 힘들어 주막에 의탁해 술로 세월을 보낸다. 잘나가는 중앙 정치인이 연고도 없는 시골로 좌천되었으니 그가 할 수 있는 유일한 방법이 술일지 모른다. 술로 세월을 보내다 주막 주인의 "어찌 그냥 헛되이 살려 하는가!" 질책을 듣는다. 마음을 추스르고 '생각과 용모, 언어와 행동' 4가지를 다짐하는 사의재四宜齋 현판을 걸고 제자를 양성한다. 이때 황진, 이학래 등 강진 6제자를 교육한다. 거처를 고성사로 옮긴 정약용은 '은혜를 갚는다'는 뜻을 가진 보은산방報恩山房에서 1년간 지낸다. 이후 두 곳의 거처를 옮기며 다산초당에서 500여 권의 방대한 저술을 한다. 저술과정에서 강진 6제자와 초당 18제자의 공동연구가 있었다.

저술은 정치, 경제, 농사, 어업, 평론 등 다양했다. 유배지였지만 농업과 어업이 가능한 수륙양용지역 강진의 천연지형도 방대한 저술에 도움을 준다. 저술과정에서 불후의 명저라 불리는『목민심서』를 집필하는 등 자신을 완성하는 시간으로 변모시켰다. 학자로서 큰 성과를 내고 1818년 복권되었다. 복권 후 정약용은 예전의 정약용이 아니었다.

정약용이 유배지에서 눌러앉아 술만 마시며 세상을 원망했다면 어땠을까? 그는 조선 역사에 불행한 인물로만 평가되었을 것이다. 정약용 자신도 역사 평가를 두려워해 "집필을 하지 않으면 자신은 반역자로 몰리고 자녀는 반역자의 자식으로 낙인찍히는 게 두려웠다"고 말했다.

좌천, 유배는 개인에게 큰 불행이다. 하지만 손 놓고 있다면 큰 불행이 자신의 운명을 흔들게 할 수 있다. 그 안에서 할 수 있는 걸 찾아 최적의 성과를 내는 일이 현명한 방법이다. 사마의는 좌천되고 인생의 기본전략을 재정립했고, 정약용은 미친 듯 집필하며 자신의 영향력을 행사했다.

목표한 바를 이루지 못하거나 오해와 배신으로 누구나 좌천될 수 있다. 늘 잘나가는 인생이 없듯 좌천, 유배도 영원할 수 없다. 실패할 때 마음가짐과 행동을 대비할 필요가 있다. 그 방법은 다음 글에서 살펴본다.

## ☆☆☆ 전화위복의 4가지 조건

첫 번째는 몸을 지켜야 한다.

재기 의지도 건강이 따라줘야 한다. 천하를 잃어도 건강만 잃지 않으면 기회는 온다. 실패를 잊기 위해 술이나 약물에 의존한다면 몸을 버린다. 건강한 몸에서 건강한 생각이 나오는 법이다. 세상이 밉고, 실패를 잊어버리고 싶다고 몸을 상하게 하는 일은 피해야 한다.

두 번째는 목표를 재단장한다.

실패로 목표를 잃어버렸다면 현 상황에 맞는 목표를 재단장할 필요가 있다. 목표는 활력을 주고 또 다른 기회를 준다. 좌절하기보다 지금 환경과 여건에서 새로운 목표를 만들자. 그것이 예전보다 부족하고 하찮아 보일지라도 운명의 키를 자신이 갖고 있다는 걸 잊지 않게 할 일이다.

세 번째는 원망하거나, 부정적인 흥분에 휩싸이지 않는다.

원망과 부정적인 흥분은 건강을 해치고, 자신의 마음을 외부로 표출하게 한다. 자신을 이렇게 만든 사람을 저주하기도 한다. 부정적인 감정을 토해내는 행동은 상대敵가 원하는 행동이다. 진짜 속마음을 숨기고 수련시간을 갖는 게 도움이 된다.

네 번째는 믿음은 있되, 막연한 희망은 오히려 독이 된다.

'스톡데일 패러독스'란 용어가 있다. 베트남전에서 포로가 된 스톡데일 장교는 "인간성이 사라진 수용소에서 최후까지 살아난 사람은 막연한 희망을 버린 사람"이라 저술했다. 스톡데일은 "크리스마스 때 풀려날 거라는 막연한 희망을 품은 병사들은 좌절한 후 죽음을 맞이한다. 하지만 언젠가 풀려나겠지하며, 현실 속에서 살아간 병사들은 최후의 생존자가 된다. 근거도 없는 막연한 희망보다 현실을 직시하고 새로 단장한 목표에 집중하는 게 생존을 높인다"고 했다.

자신의 결백을 주장하기 위해 스스로 목숨을 끊는 일을 보게 된다. 삶의 위기는 누구나 온다. 때에 따라 항복을 강요받을 때가 있다. 강요받을 때 저항해서 패배하는 것보다 항복하는 게 나을 때가 있다. 살아있다면 반드시 기회가 오기 때문이다. 사마의 역시 살아있어서 다시 회복될 수 있었다.

춘추시대인 기원전 496년. 월왕 구천句踐은 아버지 복수를 위해 오왕 부차夫差를 공격할 군대를 양성하고 있었다. 오왕 부차는 예방전쟁으로 패배를 안긴다. 살아날 가망이 없는 월왕 구천은 부인을 죽이고 최후결전을 다짐한다. 이때 대신 문종과 범려가 맹목적 결전은 죽음뿐이라며 항복 후 훗날을 도모하자고 조언한다. 오왕 부차의 항복조건은 가혹했다. 죄수 옷을 입히고 말 먹이를 주는 자질구레한 일을 시킨다.

심지어 오왕 부차가 병이 들자 대소변까지 맛보면서 간호하기도 했다. 패배한 월나라는 미녀와 금은보석을 보내며 2년간 치욕을 참아낸다.

월나라로 돌아온 구천은 마음이 나태해질까 봐 장작더미에서 잠자고 수시로 쓸개를 핥으며 복수를 다짐한다. 우리가 알고 있는 와신상담臥薪嘗膽이다. 월왕 구천은 12년 동안 와신상담 후 복수를 할 수 있었다.

구천이 자신의 목숨을 가벼이 여겼다면 흔적도 없이 사라질 수 있었다. 치욕을 참고 견디는 동안 복수의 칼날은 더욱 날카롭게 만들어져갔다. 위기가 왔을 때 극단의 선택보다 다른 출구를 찾아보자. 로맨티시스트가 되겠다고 목숨을 가볍게 여기면 영원히 기회는 없다. 때에 따라 치욕도 참을 줄 알아야 한다. 사마의, 정약용, 월왕 구천 모두 치욕을 참았기에 기회를 잡을 수 있었다.

제아무리 뛰어난 사람이라도 언제나 바른 판단만 하는 건 아니다. 때에 따라 주군, 상사, 이익관계자 등의 옳지 못한 판단으로 좌천되거나 배신을 당할 수 있다. 중요한 건 이후 태도다. 전화위복의 기회로 삼을 것인지, 한 번의 추락으로 회복 불능으로 머물지는 태도에 달려 있다. 현실을 직시하고 현실에 맞는 목표를 재단장해 운명의 키는 언제나 자신에게 있다는 걸 기억할 필요가 있다.

# 5장

# 신념은 지키고, 방법은 유연하게 한다

## ∴ 신념은 귀중한 자원이 된다

목표를 이루는 거의 유일한 방법은 일Work이라는 매개체를 통해서다. 목표가 먹고사는 것이라면 일은 생계를 이어주는 매개체다. 만약이루고 싶은 남다른 목표가 있다면 일을 해서 목표를 이룬다. 목표는다른 말로는 신념이다. 직업세계에 신념은 직업철학, 직업윤리, 동기부여라 말한다.

비슷한 실력과 비슷한 시기에 함께 입사한 사람이 있다, 누구는 하루하루 넘어가듯 일하고, 누구는 하루에 1도만 개선하자는 신념으로일한다. 세월이 누적될수록 살아가는 모습은 천지 차다. 하루하루 넘어가는 사람은 처리속도만 빨라졌을 뿐이지만 1도씩만 개선하는 사람은 전문가 경지라 말하는 '문제해결능력'까지 겸비하게 된다. 모든 건 태도에 따라 달라지는 법이다.

　노력이 거세되고, 직업철학이 사라진 지 오래다. 계층이동 사다리가 줄어들었고, 평범하게 살기도 힘들다고 아우성인 요즘에 신념은 갈수록 희귀한 자원이 되었다. 신념은 스스로 찾고 느끼는 일이 중요하다지만 신념의 중요성과 키우는 방법을 가르치는 곳이 존재하지 않는 현실이 안타깝다. 개인이 독서나 스승, 사례를 통해 알아서 찾아야 하는 형국이다.

　하루하루 흘러가는 것도 어려운 세상이라 신념을 지니고 무언가 추구하는 사람을 만나기도 힘들다. 이럴 때일수록 신념을 갖는 게 중요하다. 신념 없이 하루하루 흘러가다가 보면 이루어놓은 것 없이 늙기만을 기다리며 후회하는 삶을 살 수 있다. 철학자 프리드리히 니체는 자신이 추구하는 믿음, 즉 신념의 중요성을 다음과 같이 말한다.

> "지구 구석구석은 기다리는 사람들로 가득하다. 자신이 마냥 기다리고 있다는 사실을 대부분은 모르며, 그 기다림이 헛수고라는 사실을 모르는 사람들은 훨씬 더 많다. 간혹 이들은 미명에서 깨어나는 일도 있지만, 사람들은 실제로 행동에 나서도록 해주는 사건은 너무 뒤늦게 찾아온다. 가만히 앉아서 기다리기만 하다가 왕성하던 젊음과 기운이 다 사라져 버린 뒤에 말이다. 그래서 많은 이들이 '뛰어올라야 하는' 그 순간 팔다리는 감각을 잃고

영혼은 너무 둔해졌다는 사실을 깨닫는다. 스스로에 대한 믿음을 잃어 영영 쓸모없는 존재가 돼 버린 그들은 혼자 중얼거린다. '너무 늦어 버렸어'라고 말이다."

너무 늦어버리기 전 행동을 이끄는 '그 무엇'이 있어야 한다. 그것은 평소 가지고 있는 신념이다. 신념이 없는 사회에서 신념을 지니고 실천하는 사람은 더욱 대접받는다. 역사에서 신념이 없는 사람은 신념을 지닌 사람에게 매력을 느끼고 따랐다. 돗자리를 짜던 유비는 한실부흥 신념으로 많은 사람이 따랐고, 시골소녀에 불과한 잔 다르크는 우연히 프랑스를 구원하라는 신의 계시를 받은 이후 신념에 따라 말과 행동을 하자 수많은 사람이 따랐다. 그 신념이 사이비 종교화 등 때에 따라 사회적 물의를 일으키기도 하지만 세상을 바꾸는 일도 해낼 수 있다. 신념이 없는 세상에 신념을 지닌 사람은 리더가 될 수 있다.

리더의 기본자질인 신념은 3가지 상황 중 1가지 상황이 일어나면 생긴다고 한다.

1. 충격적인 사건
2. 지속해서 심어지는 대의명분
3. 이익을 뛰어넘는 '그 무엇'의 실행의지

유비는 어린 시절부터 어머니가 '황제의 피가 흐르고 있다'는 이야 기를 통해 대의명분으로 심어주었다. 사마의는 조조의 첫 번째 부름 을 거부하는 일이 가문과 자신을 지키는 일은 물론 중앙이 아닌 민생 현장을 떠나지 않겠다는 그의 신념에 맞다고 생각했다.

세상을 바꾸고, 영향력을 행사하는 사람 모두는 신념을 지니고 있 다. 그 신념을 확고히 하는 과정에서 등장하는 것이 있다. 바로 신념 을 흔드는 '갈등'이다. 특히 신념을 위해 목숨을 걸어야 할 때가 있 다. 신념으로 행한 일의 결과는 알 수 없기에 목숨까지 걸어야 할지 고민이 크다. 하지만 무엇이 우선순위인가 정립된다면 행동에 임할 수 있다.

신념이 있는 사람과 없는 사람은 살아가는 방법이 분명히 다르다. 신념이 귀해진 세상에 사마의는 신념을 지닌 행동으로 역사무대에 재 등장한다. 과거 자숙형 인재에서 이제는 신념을 지닌 무대의 주인공 이 된다.

## ** 세월은 나를 위해 더디게 가지 않는다

사마의는 병권兵權을 완전히 잃고 한직으로 좌천되면서 자신이 가진 신념을 재단장했다. '세불아연歲不我延'이라 했듯 시간은 나를 무한정 기다려주지 않고, 사마의 스스로도 삼국지 영웅들과 마찬가지로 언젠가 죽는다고 생각했다. 조조의 부름 이후 유지했던 자숙형 인재의 장점을 취하면서 자신을 생각을 도모하기 위해 과감한 행동을 시작한다. 행동의 선택기준을 신념으로 삼았다. 신념 속에서 권력을 향한 솔직한 욕망과 가문을 지키기 위한 노력, 살아남기 위한 현실적 투쟁을 했다. 그 시작이 바로 맹달孟達의 반란진압이며 후에 있을 공성계에서 제갈량을 살려주거나, 공손연정벌에서의 신중한 행동, 오랜 시간 은둔하며 3,000명 병사 양성과 신속한 정적제거 등이다.

220년 조비는 황제 자리를 양위讓位받기 위해 헌제를 협박하고 있었다. 무력으로 빼앗을 수 있지만, 세상이 보는 눈이 있어 명분이 필요했다. 명분은 직접적인 명분과 간접적인 명분이 있다. 조비는 헌제의 유명무실함을 직접적인 명분으로 삼았다. 그 일을 신하 화흠이 앞장서서 했다. 직접적인 명분과 함께 양위를 위한 간접적 명분인 백성의 지지가 필요했다.

백성의 지지가 필요했던 시기, 촉나라 상용태수 맹달의 귀순은 조비에게 큰 이벤트였다. 맹달은 적국의 태수이자, 명문가 출신이며 함께 귀순한 수하의 가家는 4,000가였다. 조비를 모든 사람을 포용하고 우러러보는 인물로 알리기에 충분한 명분과 규모가 있는 이벤트였다.

맹달은 위기에 빠진 관우를 구하지 않았다는 이유로 유비에게 분노를 샀다. 그리고 함께 일했던 유비의 양자 유봉劉封과 마찰이 심했다. 더는 견딜 수 없었던 맹달은 귀순을 한다. 조비는 맹달을 마중 나갔고, 수레에 태워 성안으로 들였다. 항복한 장수에게 파격적인 대우일 수밖에 없다.

맹달 귀순을 놓고 사마의는 반대했다. 『진서』 〈선제기〉에는 짤막하게 사마의의 반대가 나온다. "맹달의 언행이 지나치게 간사하여 믿을 수 없다고 생각하여 누차에 걸쳐 간했으나, 받아들여지지 않았다." 사마의는 일찍이 맹달의 사람됨을 알고 있었다. 하지만 주군 조비가 수레까지 태워 가니 더는 반대할 수 없었다. 그 후 맹달은 신성태수로 자리를 잡는다.

맹달이 필요했던 조비가 죽고 조예가 황제가 되면서 맹달을 대하는 태도가 예전 같지 않았다. 맹달은 다시 다른 마음을 품는다. 촉나라 친구인 이엄에게 편지를 보내 귀순 의사를 밝히고 반란을 꾀하겠다고 한다. 하후무와 조진을 연달아 격파시키며 상승세를 이어온 제갈량에게 맹달의 귀순 의사는 천하 통일을 앞당길 기회였다. 제갈량이 북벌로 장안을 점령하고 맹달이 낙양을 공격한다면 위나라는 큰 위기에 빠질 수 있기 때문이다.

황제 조예의 복직조서를 받아들인 사마의는 완성 일대에서 군사를 모아 제갈량 북벌을 막을 방안을 찾고 있었다. 이때 금성태수 신의로부터 급보가 날아온다. 맹달이 반란을 꾀하고 있다는 내용이다. 사마의는 맹달을 잡아야 했지만, 군대를 움직이려면 황제의 허락이 필요했다. 황제허락을 받기 위해서는 많은 시간이 소요된다.

사마의 아들 사마사는 황제허락을 받고 반란을 진압하자고 건의를 한다. 사마사의 건의는 전후 상황을 충분히 고려한 건의였다. 사마의는 벽에 붙은 종이 하나 때문에 오랜 기간 충성한 조직에서 배신자로 몰렸다. 황제허락 없이 군사를 움직였다가 배신자로 또 몰릴 수 있었다. 황제에게 상소문을 올려 군대이동 윤허를 받는다면 그가 주둔한 완성에서 낙양까지 왕복 거리와 맹달이 있는 신성까지는 한 달 이상이 소요된다. 맹달이 방비하기에는 충분한 시간이었다.

고심 끝에 사마의는 황제허락 없이 과감하게 군대를 움직인다. 반란을 일으켰다는 오해는 물론 맹달과 손잡았다는 의심도 받을 수 있는 상황이었지만 사마의는 신속한 진압을 결정한다. 군대를 여덟으로 나누어 이틀에 갈 수 있는 거리를 하루 만에 돌파하며 밤낮 가리지 않고 달려갔다.

행군과 동시에 영민한 사마의는 맹달을 안심시키는 전략을 취한다. 자필로 쓴 편지에 맹달을 한껏 띄운다. 편지에는 최근 소문으로 돌고 있는 반란 소식은 믿지 않는다는 내용이었다. 맹달은 편지를 보고 안심하며 거병을 차일피일 미루게 된다. 사마의가 출발한 지 8일 만에 신성에 도착한다. 맹달은 방비를 제대로 하지 못하고 있었다. 사마의는 기다릴 것 없이 대군으로 상용을 공격한다. 대비하지 못한 대군의 공격은 민심과 군대의 사기를 떨어뜨렸다. 성안 상황을 보다 못한 등현과 이보의 도움으로 16일 만에 맹달을 사로잡아 사마의에게 항복한다. 사마의는 맹달을 처형하며 반란은 진압된다.

사마의 신속한 반란진압으로 황제 조예는 크게 기뻐했다. 그리고 긴급한 일은 아뢰지 않고 형편에 따라 행동하는 특권을 주고, 황금으로 만든 부월斧鉞도를 하사한다. 이후 사마의는 삼국지 후반부 클라이맥스로 불리는 제갈량과 진검승부를 하러 출발한다.

맹달의 반란은 삼국지 판도에 매우 중대한 사건이었다. 만약 맹달이 신속하게 거병하고 낙양을 공격했다면 실패하더라도 수도를 강타했다는 혼란에 빠질 수 있었다. 제갈량도 혼란을 틈타 더 많은 전략을 펼칠 수 있었다. 하지만 사마의의 등장으로 역사의 판도는 바뀌지 않았다. 제갈량은 천운 같은 기회를 사마의 때문에 잃어버린다.

맹달의 반란은 제갈량의 지략에서 시작되었다. 조비가 죽고 조예가 황제가 되면서 맹달의 대접이 과거 같지 않았다. 맹달은 반란이 아니더라도 여러 곳에 발을 넓혀놓으면 좋겠다는 판단으로 촉나라와 오나라에 내통한다. 맹달이 행동하지 않지만, 딴마음을 품고 있다는 사실

사마의 자기경영

을 알았던 제갈량은 모략을 발휘한다. 맹달과 사이가 좋지 않은 금성 태수 신의에게 맹달이 촉나라에 투항해서 낙양을 공격한다는 소식을 알린다. 행동을 주저했던 맹달을 궁지에 몰아넣고 행동을 종용하는 모략이다. 맹달은 비밀이 탄로 난 걸 알고 자의 반, 타의 반 반란을 일으킬 수밖에 없었다.

반란 소식에 제갈량은 기뻐하면서도 걱정거리가 있었다. 사마의의 복직이다. 제갈량은 맹달이 사마의의 적수가 되지 못함을 일찍 알고 있었다. 제갈량은 맹달에게 사마의를 가볍게 여기지 말라 당부한다. 맹달은 사마의의 처지를 알고 있어 시간이 충분하다고 판단했다. 그래서 '충분한 시간이 있으니 추호도 걱정할 것이 없다'고 답서를 보낸다. 답서를 본 제갈량은 한탄하며 소리친다. "맹달은 사마의에게 죽겠구나" 식견이 탁월했던 제갈량의 말처럼 맹달은 사마의 손에 죽는다.

맹달의 반란 소식을 듣고 사마의는 결정을 해야 했다. 지금 막 복직한 사람이 황제 명령 없이 군대를 움직이는 행위는 중대한 위반행위다. 만약 일이 틀어지면 처형을 면하기 힘들었다. 이런 환경에서 반란 소식을 접한 사마의는 상황을 객관적으로 본다.

사마의가 절차에 따라 황제에게 보고하고 반란을 진압하러 갔다면 맹달은 충분한 방비를 할 수 있었다. 충분한 방비를 한 맹달이 수성守城에 성공하고, 사마의가 패한다 해서 문제 될 것이 없었다. 하지만 위나라 자체는 위기에 빠질 수 있다. 사마의는 나라부터 지켜야 자신도 살 수 있다는 신념으로 과감한 결정을 한다. 만약 맹달이 낙양을 공격하고 제갈량이 장안을 공격해서 위나라가 망하면 제갈량은 황제 조예를 첫 번째로 제거했을 것이고, 그다음은 사마의 자신이라는 걸 알고 있었다.

사마의의 복직은 단순한 복직이 아니었다. 제갈량을 막아낼 사람은 오직 사마의밖에 없다는 인식이 중앙정치에 번진다. 반란 진압이 실패하더라도 정당성을 부여할 수 있었다. 만약 사마의 위치가 낮았다면 패배를 각오하고 절차를 밟았을 것이다. 자신의 위치를 정확히 알기에 행동에 나설 수 있었다. 여기에는 자신도 살고, 나라도 살려야 한다는 신념이 작용하였다.

## ∷ 창, 칼을 벗어나 군량으로 전쟁을 보다

사마의가 신속함을 생명으로 삼았던 이유 중 하나는 반란진압을 군량 관점에서 보았기 때문이다. 사마의는 맹달보다 4배 많은 군사가 있었다. 하지만 비축된 군량은 한 달 남짓이었다. 반대로 맹달은 수성을 한다면 1년간 버틸 군량이 있었다. 시간은 사마의 편이 아니었기에 신속하게 움직였다. 전쟁을 군량 관점으로 보는 건 제갈량을 막는 기본전략이기도 하다. 맹달은 군량 관점으로 신속하게 제거했고, 제갈량은 군량 관점으로 시간 끌기를 택했다.

맹달의 반란처럼 지휘계통을 거치지 않고 선先조치, 후後보고를 해야 할 때가 종종 있다. 선조치, 후보고에서 중요한 건 신속함이다. 늦어지면 오해를 살 수 있다. 사마의가 속도전을 고집했던 이유도 오해를 원천 차단하는 방법이었다. 이 역시 신념이 있기에 행동할 수 있었다. 사마의는 좌천된 시기 신념을 재정립했고 그 신념을 선조치, 후보고라는 파격적인 행동의 원천이 되었다.

과거나 지금이나 사람의 운명을 결정하는 건 문제해결능력이다. 문제해결능력을 갖춘 사람은 주도적으로 삶을 이끌어 갈 수 있다. 반대로 문제해결능력이 부족하면 누군가 의지하며 살 수밖에 없다. 삶에서 문제해결이 위대한 이유는 연습은 없고 오직 실전만 있기 때문이다. 그리고 일어나는 문제들은 긍정적이지도 부정적이지도 않다. 100% 중립적이다. 흔히 이런 문제들을 긍정적 또는 부정적으로 해석하거나 삶에 거창한 고비나 장애물로 우리는 인식한다. 자칫 문제들을 과장하거나 크게 해석하는 때도 있다.

과장된 해석은 잃게 되는 지위와 명예, 금전적 손해, 감정적 피해 때문에 문제를 해결하지 않고 덮어놓고 지나가길 유도한다. 살아가는 방법이긴 하나 스스로 문제해결능력을 남에게 맡기는 꼴이다.

문제해결능력은 선택의 문제다. '선택스트레스'에 벗어나지 못한다. 우리가 우왕좌왕하는 이유도 무언가 선택하지 못하기 때문이다. 기준이 있다면 선택은 빨라지고 행동에 집중하게 된다. 이 기준이 신념이다.

앞에도 이야기했듯 신념은 갈수록 귀해지는 자원이 되고 있다. 정보유통이 빨라지면서 신념에 냉소를 보내는 일이 쉬워졌다. 그리고 과학적 증명이 필수가 된 세상에서 신념은 과학적 인과관계를 증명하는데 한계가 있다. 하지만 자신의 삶은 물론 역사에 영향력을 미친 모든 사람은 신념대로 결정하고 행동했다. 보통사람들은 신념을 지닌 사람을 따르고 신념에 동참하는 일정한 패턴을 보인다. 꼭 역사에 영향력을 미치지 않더라도 신념이 있다면 삶에서 일어나는 무수한 문제에서 빠른 해결책을 찾을 수 있다.

신념을 갖기 위해선 우선 우리에게 이러한 힘이 있다는 사실부터 인식해야 한다. 흘러가는 대로 살라 강요하며 물질적 수단이 강조되는 현 상황에서 쉬운 일은 아니다. 모든 일을 금전, 과학, 기술로 해결하려는 현실이 증가하면서 신념이 해결책을 준다는 인식은 평가 절하한다.

금전, 과학, 기술은 외부로부터 주어지는 것들이다. 문제해결책은 외부에서 시작한다는 오도된 인식을 하게 한다. 이는 문제해결에서 한계를 규정하는 행위이며, 문제해결에 내가 쓸 수 있는 카드를 제한하는 꼴이다. 하지만 온전히 계획하고 발휘할 수 있는 건 내가 가진 신념이며 신념으로 행동하는 일이다.

신념을 만드는 일은 삶에 주어진 소명의식을 찾는 일부터 시작된다. 소명의식은 거창하고 큰일을 해야 하는 건 아니다. 멀리서 찾기보다 가까이에서 찾아보자. 지금 하는 일에서 찾으면 된다. 하는 일에서 작은 개선사항을 찾고, 미적 의미를 넣는다면 소명의식으로 일 할 수 있다. 만약 찾기 어렵다면 특정 키워드로 찾는 것도 방법이다. 무엇이 나를 행복하게 하는지 고민하고 그것을 키워드로 형상시킨다. 형상시킨 키워드에 의미를 부여하고 기준으로 삼으면 된다.


## ⁝ 신념을 지키는 수단은 능숙해야 한다

신념을 이루거나, 신념을 지키기 위한 수단은 능숙하게 변화시켜야 할 때도 있다. 사마의는 제갈량과 전쟁하며 이기는 전략이 아닌 지지 않은 전략을 선택했다. 당시 사마의는 생존을 보장받고 가족과 가문을 지키는 일이 신념이었다. 위험부담을 안고 제갈량을 이길 필요는 없었다. 최후의 승자라는 신념은 조상의 견제로 시작되었다. 사마의가 제갈량을 이기고 죽이려 했다면 역사 패턴처럼 토사구팽당했을 것이다. 신념을 유지하는 방법에는 유연함이 있어야 한다. 신념을 위해 행동도 바꿀 수 있어야 한다.

사마의의 라이벌 제갈량은 신념이 있었지만, 행동을 바꾸지 않는 모습을 볼 수 있다. 제갈량은 어린 시절부터 많은 것을 혼자 꾸려나갔다. 그리고 모험을 피하고 완벽하지 않으면 행동하지 않았다. 이런 완벽주의는 일사천리로 일을 해결해주지만, 자신과 똑같은 재능을 가진 사람이 없다면 모든 걸 혼자 처리해야 한다. 또한, 완벽해야 한다는 인식의 틀 때문에 유연한 사고를 하지 못했다. 완벽주의자 주변에는 모험을 피하는 완벽주의자들만 모인다.

선제 유비로부터 한실부흥이라는 신념을 받았지만, 제갈량은 신념을 이루는 방법은 고집스럽게 안전한 길 한 가지 방법을 택한다. 대장군 위연이 모험적인 길을 조언해도. 제갈량은 안전한 길만 간다. 고집스럽게 기산으로 진출했고 사마의는 군량조달 어려움을 이용해 제갈량을 막는다.

만약 제갈량이 유연한 사고를 지녔고 세세한 일들을 부하들에게 위임했다면 삼국지 판도는 달라졌을 일이다. 제갈량의 완벽주의는 스스로 수명을 줄여나갔다. 신념이 강할 수는 있어도 행동에는 유연함이 있어야 한다. 행동의 유연함은 4가지를 갖는 데서 시작한다.

### 첫 번째, 정신적 유동성

갖고 있는 생각이나 방법에 의심을 보내고 새로운 걸 습득하는 유동성을 말한다. 새로운 기술이 끊임없이 등장하고 어떤 사건을 재해석하는 일도 끊임없이 이루어진다. 정신을 개방해서 새로움을 받아드려야 유연함이 생긴다.

### 두 번째, 감정적 유동성

우리는 어떤 일이 발생하면 똑같은 감정을 느낀다. 똑같은 감정에 휩싸이는 패턴을 반복해서 보이면 상대는 그것을 이용한다. 감정을 상쇄하는 방법을 찾거나 망각을 해서 유연한 행동을 끌어내야 한다.

### 세 번째, 문화적 유동성

조직이나 사회는 문화를 가지고 있으며 그것이 정답이라고 교육까지 받는다. 이는 생각을 굳어버리게 하고 활력을 줄인다. 당연하다는 문화에 의심을 보내고, 그것을 새롭게 개선하는 유연함이 필요하다.

### 네 번째, 사회적 유동성

사람은 저마다 가지고 있는 신념과 행동이 있다. 리더 입장에서 잘 정돈된 신념과 행동이 좋을 수 있다. 하지만 발전에는 걸림돌이 된다.

사람이 가진 사회적 유동성을 발휘할 수 있도록 해야 개인, 조직 모두 유연함을 발휘할 수 있다.

신념을 지닌 사람은 행동한다. 사마의는 신념이 있기에 위태함을 알면서도 과감히 행동했다. 그리고 결과까지 책임지며 무대 중심에서 활동을 시작했다. 생존과 가족, 가문을 지키겠다는 신념은 그의 삶, 후반부에 지속한다. 신념을 유지하고 지키기 위해 신속함, 지연전략, 은둔 등 다양한 전략을 펼친다. 전략 선택에서 모든 기준은 신념이었고, 방법은 유연했다.

# 6장
# 내부에서 다툼은 공멸로 가는 길

## ❖ 보편타당한 상식적 행동은 처세의 기본

의도가 좋아도 방법에서 보편타당하지 못하면 비난받을 수밖에 없다. 그래서 상식이라는 건 처세에 중요한 요소다.

전국시대 위나라는 중산국을 침략한다. 이름 없는 시골 선비인 위나라 대장 악양은 그를 중용한 주군에게 높은 충성심을 보였다. 중상국은 신흥대국 위나라의 상대가 되지 못했다. 하지만 한 가지 문제가 있었다. 대장 악양의 아들 악서가 중산국에 있었던 것이다. 중산국왕은 아들 악서를 잡아 죽이겠다고 협박한다. 악양은 동요 없이 공격을 감행한다. 중산국 왕은 모진 방법을 쓴다. 아들을 죽이고 살점을 발라내 고깃국으로 만들어 악양에게 보낸다. 감정을 동요시키는 전략이었다. 보편타당한 상식을 가진 사람이라면 분노했을 일이다. 하지만 악양은 고깃국을 다 마셔버린다. 그 모습을 본 병사들의 사기는 올라갔고 중산국을 점령하는 데 큰 역할을 했다. 악양은 믿어준 주군에게 충성심을 보인 것이다.

중산국 점령소식을 접한 위나라 왕 문호는 악양이 고깃국을 다 먹었다는 이야기를 접하게 된다. 왕 문호는 그의 충성심을 높이 사기보다 우려를 했다. 아들 살점으로 발라낸 고깃국을 먹은 사람이 누군들 못 먹을까 말이다. 왕 문호는 악양에게 상을 내렸지만, 평생 그를 경계하며 살았다. 의도가 좋아도 방법이 상식 밖이었다. 개인이 아무리 뛰어난 역량이 있어도 상식 밖으로 행동한다면 오해는 물론 목숨도 위태로울 수 있다.

조직은 함께 일하는 곳이다. 조직 발전을 위해 의도가 좋아도 방법에 문제가 있다면 불신을 살 수밖에 없다. 혼자 능력이 탁월해도 조직에 있다면 상식 안에서 행동해야 한다. 그 상식 중 하나가 조직에서 파벌정치를 하지 않고 조직의 발전을 위해 부족한 조직원을 돕는 일이다.

뛰어난 개인에게 의존하는 조직은 언제든 위험에 처할 수 있다. 뛰어난 개인을 시기해서 제거할 수 있기 때문이다. 그래서 리더는 뛰어난 개인을 잘 보호하고 다독여야 하지만 이것 역시 임시방편에 불과하다. 뛰어난 개인이 없더라도 조직이 유기적으로 일할 수 있는 조건을 마련해야 한다.

개인 역시 뛰어난 존재를 보고 배우는 태도가 발전적이다. 하지만 견제를 한다. 이것은 인간이 가진 태생적인 습성이라 볼 수 있다. 사마의는 뛰어난 개인이다. 하지만 뛰어난 재주는 조직이 있기에 가능했다. 사마의는 견제하는 사람을 똑같이 견제하지 않았다. 사마의에게는 조직이 필요했고, 조직을 성공시켜야 했다. 그렇기에 내부의 견제세력도 포용하고 도움을 주었다.

사마씨 가문이 권력의 정점에 오른 사건이 '고평릉 사변'이다. 조상은 사마의에게 병권이 없는 태위 관직을 달게 해 그의 손과 발을 끊어버린다. 사마의는 건강을 핑계로 두문불출하며 아들과 함께 군사를 몰래 양성한다. 249년 고평릉으로 조상과 황제 조방曹芳이 제사를 지내러 가는 사이 사마의는 성안을 장악하고 쿠데타에 성공한다.

고평릉에서 쿠데타 소식을 접한 조상은 "항복하면 병권만 없을 뿐 예전처럼 부자로 살 수 있게 배려하겠다"는 편지를 받는다. 물론 사마의의 기만술이었다. 편지를 보고 환범은 결사항전을 주장하지만, 조상은 "병권이 없으면 어때? 부자로 살 수 있는데"란 말을 남기고 항복한다.

이 모습을 본 환범은 "조자단조진이 고양이 새끼를 낳았구나" 말하고 욕을 퍼붓는다. 사마의는 항복한 조상을 즉각 체포하고 신속하게 재판에 넘겨 제거한다.


## ⁝⁝ 상대방이 성공해야 내가 성공한다

환범이 안타까워했던 조진은 『삼국지연의』에서는 바보로 등장한다. 제갈량에게 계속 농락당하고 마지막은 제갈량이 썼던 편지를 보고 분노하다 피를 토해 죽는다. 조진이 몇 번의 전투에서 패한 건 사실이지만, 조진의 무능함보다 제갈량의 능력이 귀신과 같아서이다. 사실 조진은 231년 병으로 세상을 떠났지, 편지를 보고 죽지는 않았다. 소설에 조진을 포석시켜 제갈량을 돋보이게 하는 요소로 볼 수 있다. 이런 조진에게 정치적 상대가 있었으니 바로 사마의다. 둘의 직접적인 대립은 뚜렷이 없으나 여러 삼국지 책에는 두 사람의 대립적 고사가 많이 등장한다.

고사와 달리 사마의는 조진과 대립할 수 있는 위치가 아니었다. 조진은 조조의 씨족이며 그의 아버지는 조조가 군마를 일으킬 때 도와주다 살해당한다. 이를 안타깝게 여겨 조조는 조진을 아들처럼 키운

사마의 자기경영

다. 담력과 용맹함을 높이 평가해서 조조의 친위군마대인 '호표기'를 거느리게도 한다. 용병술도 탁월해 서북변경을 지키며 두각을 드러낸다. 사마의는 조진의 부하였고, 여러모로 조진에 비해 명분과 정통성이 약했다. 그렇기에 사마의는 조진 앞에서 겸손하면서 그의 성공을 도와야 했다. 남의 성공을 도우면서도 겸손을 유지하는 건 어려운 전략이다. 특히 상대의 자존심을 건드려서는 안 된다. 사마의는 특유의 연기력과 상황파악으로 조진의 자존심을 세우면서 자신도 지켜낼 수 있었다.

사마의가 내부에서 공을 다투지 않는 모습을 볼 수 있는 전투가 있다. 조진의 몸이 쇠약해지자 황제 조예는 사마의를 총사령관으로 임명한다. 그리고 조진이 가지고 있던 장인將印을 직접 받아오라 시킨다. 사마의는 조진을 보고 황제의 명으로 장인을 달라고 하면 그만이었다. 하지만 사마의는 연극을 한다. 상관 조진에게 상처주지 않기 위한 연극이다.

우선 사마의는 조진에게 차분한 어조로 현재 전선 상황을 이야기한다. 조진의 건강을 염려한 가족들은 전선 상황을 이야기하지 않았다. 전선 소식을 듣고 놀란 조진은 자진해서 장인을 사마의에게 주려 했지만 사마의는 거듭 거절을 한다. 오히려 자신은 조진의 부하로 충성을 다할 것이라 말한다. 사마의의 거절이 계속 이어지자 답답한 조진은 몸을 일으켜 세우고 "장인을 받을 사람은 그대뿐이요"라고 말한다. 어쩔 수 없다는 표정으로 겸손하게 장인을 받은 사마의는 "이미 황제가 명으로 총사령관의 임무를 주었다"고 솔직히 털어놓는다. 조진은 더욱 기뻐하며 장인을 넘긴다.

사마의의 이러한 연극은 두 가지 의미가 내포되었다.

첫 번째는 총사령관직을 지속 유지하기 위해서다.
조진은 상관이며 조씨 가문에 기둥이었다. 그의 건강이 회복되면 장인을 가져갈 것이 뻔하다. 조진이 뜻이 없어도 주변에서 총사령관을 다시 맡으라고 부추겼을 것이다. 장인을 자발적으로 줬다는 인식을 깊이 새길 필요가 있었다.

두 번째는 조진을 위한 배려와 적을 만들지 않는 태도다.
황명이니 달라 하면 그만이다. 하지만 상관 조진의 자존심을 건들 수 있다. 부하보다 못한 장수로 인식될 수 있기 때문이다. 자신의 자리를 빼앗은 사람을 미워하는 건 인간의 당연한 본능이다. 사마의는 자신이 찾아온 목적을 숨기고 연기를 하며 총사령관이 된다.

사마의와 조진은 한배를 탄 사람이었다. 사마의는 조진을 도와야 했다. 조진이 현명한 판단으로 제갈량을 상대할 수 있도록 배려한다. 중요한 건 자신이 배려하고 있음을 나타내면 안 된다. 사마의는 자신의 현재 위치를 파악하고 예의를 다했다. 그 방법이 연극이었다.

　장인을 넘기기 전 228년 겨울 후출사표를 쓴 제갈량은 2번째로 북
벌에 나선다. 30만 군사와 함께 위연을 선봉으로 진창으로 출진한다.
제갈량의 출전으로 위나라는 회의를 열어 대장군 조진에게 방어를 맡
긴다. 조진은 왕쌍을 선봉으로 15만 군사로 출발한다. 사마의는 오래
전 제갈량 침략을 예상하고 방비를 시켰다. 하지만 귀신같은 제갈량
은 연전연승하며 조진을 농락한다.

　조진의 연일 패배 소식이 황제 조예에게 들려온다. 조예는 사마의
를 불러 대책을 논의한다. 사마의는 제갈량과의 싸움을 군량싸움으
로 본다. 군량보급이 쉬운 진창으로 올 것을 알고 왕쌍과 학소에게 대
비를 시켰다고 안심시킨다. 싸우지 말고 1개월만 버티면 군량이 떨어
져 알아서 퇴각할 것이라 말한다. 그러자 황제 조예가 의아한 듯 물어
본다.

> "경은 선경지명이 있는데도 직접 군사를 이끌고 가지 않은 이유
> 가 무엇인가?"
> "신은 몸을 사리기 위함이 아닙니다. 동오의 군대를 막기 위해서
> 입니다. 손권은 곧 황제를 스스로 칭할 것이고, 정벌 당할 것이
> 두려워 먼저 공격할 것입니다. 신은 그것에 대비하고자 합니다."

조예는 절대로 공격하지도 나가서 싸우지도 말라고 당부하는 편지를 써서 사신에게 보낸다. 사신이 성 밖으로 나가자 사마의가 그를 기다리고 있었다. 사마의는 사신에게 다가가 당부를 한다.

"이번에 승리하면 공을 조진에게 돌리려 하니 이번 계책이 내 입에서 나왔다고 말하지 마시오. 계책이 나에게 나왔다 하면 조진은 나가서 싸우려 할 것이고, 성을 나가면 제갈량 계략에 말려들 것이오. 요새를 단단히 지키라고 말해주시오. 만약 추격한다면 신중히 진격할 것을 이야기해 주시오."

사마의는 제갈량을 막는 방법을 알고 있었다. 하지만 전선을 책임지는 자는 상관인 조진이었다. 사마의는 최선의 방비가 군량이 떨어지는 걸 알고 있었다. 그래서 사신을 직접 찾아가 자신의 계략임을 발설하지 말라 당부한다. 사마의의 계략과 달리 공에 눈먼 위나라 장수와 제갈량의 용병술로 선봉장 왕쌍이 죽고, 사마의가 미리 방비시켜놓았던 진창, 학소마저 죽는다. 이런 상황에서 조진이 병까지 나자 낙양으로 돌아간다. 사마의는 제갈량을 막을 수 있는 사람은 자신밖에 없다는 걸 인식시키고 대장군 장인을 받게 된다.

조직에서 꼴불견을 꼽자면 자신의 공을 지나치게 자랑하는 사람이다. 조직은 각자 역할이 있다. 프로젝트에서 본인이 주도적으로 일해도 보조가 없다면 이루어 낼 수 없다. 100% 자기 능력으로 이루는 건 없다는 걸 알아야 한다. 성과를 냈어도 그 공을 상대에게 돌릴 줄 아는 사람이 조직에서 오래 살아남는다. 특히 공을 상관에게 넘기는 건 조직 처세에 기본이다.

사마의는 능력이 탁월해도 자신의 위치를 알고 있었다. 그래서 조진에게 가는 사신을 붙잡고 황제의 계책으로 말해 달라 한다. 『삼국지연의』에는 조진이 사마의의 계책이라는 걸 알았다고 한다. 그리고 사마의 당부와 달리 밖에 나가 싸우다 패배를 겪는다. 어찌 되었든 사마의는 조진과 공을 다투지 않았다. 조진의 성공이 곧 자신의 성공이며 나라의 안정이기 때문이다.

조진에 이어 제갈량을 막은 사마의는 성문을 잠그고 식량을 떨어지는 방법을 이어간다. 하지만 '공을 세우면 군법을 무시해도 된다'는 불문율을 믿고 멋대로 행동하는 장수들 때문에 큰 피해를 본다. 어려운 상황에서 하늘의 도움인지 아니면 자기관리를 못 한 제갈량의 문제인지 알 수 없지만, 제갈량의 건강에 이상이 생기며 제갈량과 촉나라군은 조용히 철군한다.

## ❖ 사람이 미워도, 조직은 소중한 법이다

건강이 회복된 조진은 230년 촉나라 정벌 상소를 올린다. 제갈량을 막기만 할 수 없다는 조치였다. 내부에서 반대가 있었지만, 황제는 윤허한다. 사마의는 어떠한 찬반 없이 대장군이 되어 전쟁에 참여한다. 속전속결을 생각한 조진은 무서운 기세로 출발하지만 30일간 큰비가 내려 철군할 수밖에 없었다. 『삼국지연의』에는 별을 보고 날씨를 예상한 제갈량은 방비했다고 한다. 그리고 철군 과정에서 사마의는 조진과 내기를 한다. 철군할 때 제갈량이 공격할지 여부다.

철군 중 사마의는 조진에게 매복을 제안한다. 조진은 괜찮은 방법이라 생각해 매복한다. 하지만 며칠을 기다려도 촉군은 나타나지 않았다. 이유는 제갈량이 추격하지 말라는 군령이 있었기 때문이다. 장수들은 의아해하며 제갈량에게 추격하지 않는 이유를 묻자, "적은 분명 매복을 했을 것이니 기다렸다가 알아서 달아나게 놔둬라. 나는 지름길로 야곡과 기산을 빼앗을 것"이라며, 장수들에게 야곡과 기산을 공격할 계책을 준다.

며칠이 기다려도 촉군이 나타나지 않자 조진은 우쭐거리며 큰비 때문에 도망갔다고 판단한다. 이에 사마의는 촉군이 나타날 것이라 말한다. "비가 그치고도 제갈량이 나타나지 않은 건 복병이 있음을 알기 때문입니다. 우리 군사가 멀리 가기를 기다렸다가 불시에 기산을 점령할 것입니다." 사마의 말에 조진이 의심쩍은 표정을 짓자 말을 이어 간다. "조 도독은 왜 제 말을 믿지 않으십니까? 촉군이 보이지 않는다 고 돌아간 것은 아닙니다. 열흘 기한으로 기곡과 야곡 두 곳을 공격해 올 것입니다. 장군과 제가 나누어 지키면 됩니다. 만약 공격하지 않으 면 아녀자 옷을 입고 얼굴에 분을 바르고 장군 앞에서 엎드려 사죄하 겠습니다."

조진은 흥미 있다는 듯 내기를 받아들인다. 만약 제갈량이 공격하 면 자신은 천자가 하사한 옥띠와 말 한 필을 준다고 약속한다. 그렇게 사마의는 기산 동쪽 기곡 입구로 조진은 기산 서쪽에 있는 야곡을 지 킨다.

사마의 예상대로 제갈량은 기산을 빼앗기 위해 공격한다. 사마의 는 철군하지 않고 밤낮 수비를 시키며 철저히 방비했다. 철저한 방비 로 촉나라 명장 위연의 기습을 막아낸다. 위연의 기습이 있고 사마의 는 편지를 써서 조진에게 주의를 시킨다. "기곡이 공격당했으니 야곡 도 조심하시오." 조진은 자신을 무시한 듯 기분이 나빴다. 또한, 적의 그림자조차 보이지 않았다. 조진은 편지를 보낸 병사에게 걱정하지 말 라며 돌려보낸다. 병사의 보고를 받은 사마의는 즉각 군사를 꾸려 조 진이 있는 야곡으로 출발한다. 조진은 분칠한 사마의를 생각하며 싱 글벙글하고 있을 때 촉군이 나타난다. 방비 못 한 기습으로 조진은 위 급한 상태까지 몰린다. 다행히 도망가는 중간에 사마의를 만나 목숨을 보전한다.

조진은 사마의에게 부끄러워 얼굴을 들지 못했다. 조진은 사과를 하고 자신이 공격받은 걸 어떻게 알았는지 묻는다. 사마의는 편지를 준 병사가 방비를 안 하고 있음을 알리자 제갈량이 원하는 상황이 되었음을 감지해서 구원병을 보냈다고 설명한다. 조진과의 내기는 사마의의 승리였다.

내기에 이긴 사마의는 어떻게 했을까? 『삼국지연의』에는 사마의가 조진에게 다음과 같이 말한다.

> "어린 아이처럼 내기 한 것을 입 밖으로 내서는 안 됩니다. 서로 마음을 합쳐 나라의 은혜에 보답합시다."

사마의는 조진과 공을 다투지도 않았고 그의 잘못을 책망하지 않았다. 오직 나라만을 위해 움직이자는 로맨티시스트 같은 말을 남긴다. 사마의의 진심을 알 수 없지만, 그의 처세에는 일관성이 있다. 자신의 위치를 알고 항상 조심하며 행동하는 일관성이다.

조진과 내기가 끝난 후 사마의는 군대를 수습해서 위빈으로 이동시킨다. 이후 『삼국지연의』에서 제갈량이 놀리는 편지를 받은 조진은 분노를 이기지 못하고 죽는다고 나온다. 사마의 역시 분노를 이기지 못해 제갈량과 정면승부를 하지만 패한다. 하지만 촉나라 내부의 문제로 결국 철군을 한다.

사마의가 개인 영달이나 명예욕이 있었다면 일찍 성공을 향해 달려갔을 일이다. 하지만 사마의는 조직의 소중함을 잘 알고 있었다. 자신보다 조직을 먼저 생각했다. 그것이 자신은 물론 백성을 위한 일이기 때문이다.

조직이 일정규모로 성장하면 성장통을 겪는다. 그중 하나가 파派가 생기는 일이다. 서로 견제하고 업무보다 정치에 집중하게 된다. 동서고금을 막론하고 모든 조직에서 일어나는 일이다. 파를 나누고 정치를 하는 건 인간의 태생적 본능이다.

사마의도 분명 본능이 있는 사람이었다. 하지만 더 큰 그림을 볼 줄 알았다. 조직이 발전하면 자신도 발전한다는 생각이다. 그래서 조직에 유리한 계책을 내야 했다. 자신의 계책이 성공하면 공을 남에게 돌렸다. 당장은 손해 보는 것 같지만, 훗날을 도모하는 일이다. 공을 돌리고 항상 겸손해하는 모습을 본 황제는 사마의를 더욱 신뢰한다. 조직이 있고 시스템이 있는 곳에서는 도전과 창의도 중요하지만, 인화人和와 단결도 중요시한다. 잘 어울리고 함께 할 사람이 대접받는 곳이 사마의가 속한 위나라였다.

사마의는 조진과 내부에서 권력투쟁을 했을 수도 있지만, 적이 공격하는 상황에서는 큰 그림으로 움직인다. 공을 상관에게 돌렸고 상관의 명예를 지키기 위해 예절을 갖추었다. 조진이 죽고 사마의는 다시 한번 위기이자 기회를 맡는다. 그의 라이벌이며 존재 이유가 되어준 제갈량이 다시 공격한다. 이번에는 창과 칼이 아닌 농기구를 가지고 북벌을 한다. 사마의는 군량 관점이 아닌 다른 관점으로 제갈량을 막아내야 했다.

## ✲✲✲ 이익은 겸애兼愛를 유지하는 최상의 수단

조직이 일정하게 커지면 파벌이 생기고 서로 견제한다. 조직이 평화로울 때 견제세력은 발전하는 데 도움이 된다. 라이벌을 통한 성장이다. 하지만 위기상황이 오고 조직의 일치단결이 필요할 때 내부분열은 큰 손실을 초래한다.

일치단결에 필요한 건 '이익'이다. 견제세력끼리 서로 간의 이익이 있어야 단결이 된다. 사마의는 위나라가 필요했고, 조진은 사마의 탁월함이 필요했다. 서로 간의 이익이 있었다.

여기서 이익의 관점을 고민해볼 필요가 있다. 가리지 않고 똑같은 사랑을 뜻하는 '겸애兼愛'를 주장한 묵가墨家는 겸애를 유지하는 방법을 이익이라 말했다. 서로 간의 이익이 있어야 사랑할 수 있다고 말한다.

장님과 앉은뱅이가 장터에서 구걸하고 있다. 장님은 사람이 모이는 곳을 알지 못했다. 앉은뱅이는 사람이 모이는 곳을 알고 있지만 움직이기 힘들다. 둘이 협력을 한다면 사람이 많이 모인 곳을 이동하며 구걸을 할 수 있다. 사람이 많이 모인 곳은 밥과 돈도 쉽게 얻을 수 있다. 만약 한쪽이 일방적으로 희생한다면 겸애는 오래갈 수 없다. 조직을 통일해야 하는 리더 입장에서 일방적 희생을 감정에 호소해서는 한계가 있다. 반드시 이익이 있어야 한다. 이익을 속물적 느낌이 아닌 통합의 원동력으로 활용할 필요가 있다.

우리는 자기소개를 시키면 회사와 직책을 먼저 말한다. 그만큼 조직과 자신을 일치시킨다. 조직 내부에서 성공 다툼은 공멸로 가는 길이다. 조직 안에 라이벌이 있다면 그의 성공을 도와라. 같은 조직에 라이벌의 성공이 나의 성공이고, 대승적 승리다.

# 7장

# 상대가 원하는 싸움은 하지 않는다

## ✻✻ 미리 이기고 확인하러 들어가는 선승구전先勝求戰

　지금도 다양한 콘텐츠를 만들어내는 고전 『손자병법』은 다음과 같이 시작한다.

> "무릇 전쟁은 국가의 존망이 달려있고, 만백성의 생사가 달린 국가 중대사로서 신중히 결정하고 실리적으로 해야 한다."

　전쟁을 시작하는데 신중함과 실리를 강조하고 있다. 그만큼 전쟁은 명예보다 현실을 봐야 하는 행위다. 19세기 군인이자 군사 평론가 클라우제비츠는 "전쟁은 다른 수단에 의한 정치 행동의 연장"이라며 정치 안에 전쟁을 넣기도 했지만, 과거나 현재나 전쟁은 국가의 존망에 걸린 중대사로 신중히 처리해야 한다. 그래서 리더는 인기에 영합하려는 태도나 감정에 휩싸인 태도는 위험하다. 언제나 이성적이고 객관적으로 현상을 볼 줄 알아야 한다.

『손자병법』 중 많은 사람에게 알려진 문구 하나를 뽑자면 "싸우지 않고 이기는 게 최상이다."가 아닐까? 즉 선승구전先勝求戰의 지혜를 발휘하는 전략이다. 선승구전은 싸워서 이기러 들어가는 게 아니라 승리를 확보하고, 승리를 확인하러 들어가는 전략이다. 선승구전을 위해 『손자병법』에는 승산이 있는 군대와 승산이 없는 군대를 5가지 유형으로 이야기했다. 미리 이겨놓고 승리를 확인하는 데 필요한 5가지는 다음과 같다.

첫째, 상하가 같은 목표가 있는 조직은 승리한다.
둘째, 준비된 자가 준비 안 된 상대와 싸우면 승리한다.
셋째, 싸울만한 상대인지 아닌지 판단할 수 있는 조직은 승리한다.
넷째, 인원의 규모를 자유자재로 운용할 줄 안 하는 조직은 승리한다.
다섯째, 장군이 능력 있고, 군주가 간섭 안 하면 승리한다.

전쟁을 시작하기 전 다섯 가지를 잘 갖추고 있나 알아야 한다. 또한, 상대편에 정치, 경제, 민심 등 혼란과 두려움을 심어줄 필요가 있다. "전쟁의 승리는 사망자 수가 아닌 두려워하는 사람의 숫자"란 아랍 속담이 있듯, 두려워하는 사람의 수를 늘리는 방법이 으뜸 전략이다. 상대 역시 더 악랄하고, 치밀하게 선승구전을 준비하고 있다는 것도 알아야 한다. 리더는 상대방의 기만전략에 넘어가지 말아야 한다. 방법은 이성을 유지하는 일이다.

전쟁은 시간과 공간에서 충돌한다. 어느 시간에 어느 공간에서 충돌이 일어나느냐는 승부를 결정하는 중요한 요소다. 그래서 리더는 어떤 시간과 장소에서 충돌할지 결정해야 한다. 상대방 역시 마찬가지다. 상대도 어떤 시간과 장소에서 충돌할지 판단하고 행동한다. 여기서 상대가 원하는 시간과 장소에서 싸운다면 패배는 자명하다.

내가 원하는 시간과 장소에서 싸울 수는 없더라도 상대방이 원하는 시간과 장소에서는 싸움을 걸어도 피해야 한다. 피하는 모습이 자존심, 명예가 깎이더라도 전쟁은 국가의 중대사며 수만 명의 목숨이 달린 일이라 뒤로 물러날 줄 알아야 한다. 전쟁은 승자의 전유물이다. 자존심은 그다음에 챙겨야 한다.

사마의는 전쟁에 임할 때 공수攻守 판단을 명확히 했다. 특히 다양한 전략을 치밀하게 구사하는 라이벌 제갈량을 상대할 때 단순하고도 꾸준한 방법으로 수비한다. 복잡함과 치밀함을 단순함과 꾸준함으로 대항하는 형국이다. 반대로 공승연을 공격할 때는 신속하고 과감한 전략을 펼치며 상대를 제압한다. 모든 과정에서 사마의는 이성을 유지했고, 상황을 객관적으로 본다.


## ✱ 상대가 원하는 감정을 보이지 않는다

234년 사마의는 제갈량 10만 대군과 오장원에서 대치한다. 사마의는 오는 적을 방어하고 군량이 떨어지길 기다리는 단순한 전략을 선택한다. 군량에 한계가 있었던 제갈량은 신속하게 전쟁을 끝내고 싶었지만 사마의가 밖으로 나오지 않으니 신속한 전쟁은 불가능했다. 그래서 제갈량은 황무지를 개척해 농사지으며 싸우는 장기전을 구사한다. 군량을 자체 조달하는 방법이다.

사마의에게는 칼과 창이 아닌 농기구가 더 무서운 존재가 된다. 제갈량이 장기전을 펼치면 전쟁은 새로운 양상일 수밖에 없다. 답답해하던 사마의에게 제갈량은 편지와 함께 선물꾸러미를 보낸다. 선물은 부녀자가 상중喪中에 쓰던 '건귁'이라는 따리와 상복이었다. 그리고 편지에는 대장군으로서 모욕적인 글을 보낸다. 편지 내용이 『삼국지연의』에 상세히 나와 있다.

❙ "중달, 그대는 대장군이 되어 중원의 대군을 거느렸으면서도 무

기를 들고 승부를 겨룰 생각을 하지 않고 굴속과 흙더미 속에 틀어박혀 칼과 화살을 피하려고만 하니 싸움을 두려워하는 아낙네와 다른 것이 무엇인가? 이제 사신을 시켜 아낙이 쓰는 관과 옷을 보내니 그래도 영채 문을 열고 나와서 싸우지 못하겠거든 두 번 절하고 이 물건을 공손히 받아라. 만약 부끄러움을 알고, 사내의 기상이 있다면 속히 답장을 써서 장소와 날짜를 정하여 한판 대결을 겨뤄보자."

대장군으로 명예와 자존심이 상하는 편지다. 보통사람이라면 편지를 찢어버리고 당장 칼을 들고 공격했겠지만 사마의는 편지를 보고 빙긋 웃으며 사신에게 "승상도 장난을 칠 줄 안다"고 농담을 보낸다. 그리고 사신에게 술을 대접한다. 사마의는 사신에게 제갈량의 근황을 묻는다. 사신은 적에게 총사령관의 중대한 정보를 누설하는 실수를 범한다. "아침부터 저녁까지 많은 일을 처리하십니다. 편십곤장 10대 이상 치는 일까지 직접 살피고 식사는 소식하고 계십니다."

이 말을 듣고 사마의는 능청스럽게 제갈량의 건강을 염려한다. 그리고 사신에게 선물을 듬뿍 주고 돌아가게 한다. 사신은 제갈량에게 분노는커녕 웃으며 여유를 보이고, 승상의 건강을 염려하고 있다는 보고를 한다. 이렇게 건궉 에피소드는 끝이 난다.

건궉 에피소드는 두 가지 중요한 요소를 담고 있다. 감정을 누르고

사마의 자기경영

이성적으로 행동했던 사마의의 현명함과 오장원 대치가 창과 칼이 부딪치는 전쟁이 아니라 제갈량의 수명에 따라 승패가 갈린다는 관점의 변화였다. 제갈량의 수명을 계산한 사마의는 더욱더 문을 걸어 잠그고 상대방에게 반응하지 않는다. 제갈량은 답답함과 함께 더 치밀한 계획을 짜내기 위해 몸을 움직여야 했다. 그럴수록 피로는 누적되어 갔다.

제갈량은 과거에도 편지를 써서 상대를 농락한 일이 있다. 『삼국지연의』에는 길을 빌려 상대를 공격하는 '가도멸괵假道滅虢' 계략을 간파한 제갈량이 형주를 빼앗은 후 오나라 명장 주유에게도 편지를 써서 화를 부추기는 장면이 나온다. 주유는 편지를 보고 분노하다 피를 토하고 앓아눕는다. 시간이 지나고 "하늘은 주유를 낳고, 제갈량을 낳았단 말인가?" 탄식하며 죽는다.

주유의 죽음에 대해 오나라 장수들은 제갈량에게 복수를 다짐한다. 편지로 상대를 놀리는 건 제갈량의 주특기였다. 사마의는 제갈량이 원하는 감정을 보이지 않았다. 오히려 웃고 장난칠 줄 안다며 농담까지 한다. 그리고 중요한 정보까지 빼낸다.

## ** 권위를 빌려 명예를 회복한다

　사마의는 제갈량의 수명을 계산했지만, 위나라 부하 장수들의 동요
가 심했다. 장수로서 자존심이 무너지는 순간이었다. 장수들은 칼을
들고 나가 싸우기를 원했다. 앞에서도 다루었듯 오나라 군주 손권이
도움을 청할 때 사신의 거드름에도 손권은 고개를 숙였지만, 행정원
로 장소와 맹장 서성은 울분을 토했다. 손권은 나라를 책임지는 군주
라 개인의 자존심이 아니라 나라를 위해 고개를 숙일 수 있었다. 사마
의도 마찬가지다. 장수는 싸워야 하지만 총사령관은 수만 명의 목숨
을 보전하고 피해를 최소화시켜야 한다.

　사마의는 제갈량을 잘 알고 있었다. 제갈량은 복잡한 전략을 세심
하게 짜내는 인물이라는 사실을 말이다. 밖에 나가 싸우는 건 제갈량
이 원하는 시간과 장소에서 싸우는 꼴이다. 사마의는 개인 자존심보
다 수만 명의 생명을 책임지는 총사령관으로 행동해야 했다. 하지만
문제가 있었다. 성난 장수들을 달래야 했고, 자신이 겁쟁이가 아니라
는 걸 보이며 권위를 유지해야 했다.

　장수들을 모아놓고 사마의는 특유의 연기를 한다. 매우 화나고 자
존심을 세우며 당장에라도 공격할 태세로 심각한 표정을 짓는다. 그
리고 회의를 시작한다.

> "나도 싸우고 싶지만, 영채만 지키라는 황제의 명령이 있었다. 공
> 격할 전략은 마련되었으니 천자께 아뢰고 공격하는 게 어떻겠느
> 냐?"

장수들은 의견에 동의했고 사마의는 조정에 표문을 올려 황제의 답
을 기다린다. 황제는 신하를 모아놓고 의견을 묻는다. 일찍이 사마의
의 의도를 간파한 신비辛毗는 황제에게 표문의 의도를 이야기한다.

> "사마의는 싸울 뜻이 없습니다. 얼마 전 제갈량에게 모욕당한 후
> 부하 장수들이 분노하자 이를 달래기 위해 올린 표문입니다. 분
> 노한 장수들이 통제하기 위해 조정에 도움을 청한 것입니다."

황제 조예는 뜻을 헤아리고 감군監軍으로 신비를 보내 표문에 답을
준다. '나가서 싸우려는 자는 황제의 뜻을 어기는 자다.' 칙명이 떨어지
자 누구도 밖으로 나가려 하지 않았다. 칙명을 받은 사마의는 화나는
표정과 행동을 했지만, 신비를 멀리서 지켜만 봤을 뿐이다. 두 사람의
연극은 말하지 않아도 통하고 있었다.

감군으로 신비가 도착해 영채 입구를 막고 있다는 정보가 강유姜維
에게 흘러간다. 강유는 제갈량에게 보고한다. 제갈량 역시 사마의의
의도를 간파하고 한마디 한다. "싸울 뜻이 없지만, 싸울 마음을 보여

주는 건 군심軍心을 안정시키기 위해서다." 오장원에서 두 라이벌은 대치만 한다. 234년 가을 사마의가 기다렸던 제갈량의 수명이 다하며 전쟁은 끝난다. 제갈량의 나이는 54세였고, 사마의는 56세였다. 희대의 라이벌이라 불린 두 사람이지만, 사마의는 단순하고도 고집스러운 전략으로 제갈량을 막아냈다. 모든 건 이성으로 판단했고, 상대가 원하는 싸움을 피하는 방법을 고집했다.

제갈량은 죽기 전 철수방안을 마련하고 지시한다. 평생을 철두철미하게 살았던 그였기에 철수하는 방법, 반란에 대한 대책, 철수 후 계획 등을 남긴다. 제갈량의 죽음은 철저히 숨겼기에 사마의는 알지 못했다.

제갈량의 죽음은 『진서』 〈선제기〉에 다음과 같이 기록되었다.

> "제갈량과 100여 일을 대치하다 제갈량이 병사하자 장수들이 불을 지르고 몰래 도망갔다. 백성이 달려와 보고하자 사마의는 출병하여 추격한다. 장사 양의楊義가 군기를 돌려 북을 울리며 마치 사마의와 싸우려는 것처럼 했다. 사마의는 몰린 적은 몰아붙이지 말아야 한다고 생각해 양의는 진을 유지하며 물러갔다. 며칠 후 사마의가 제갈량 군영에 도착하고 남은 물건들과 군량을 노획했다. 사마의는 제갈량이 죽었음을 확인하고 '천하의 기재구

## ** 사소한 소문에 대응하기에는

사마의는 제갈공명의 진지를 돌며 탁월한 지형 활용과 용병술에 탄복함을 보낸다. 라이벌을 보고 탄복하는 건 칭찬인 동시에 그를 상대한 자신에 대한 자부심이다. 그리고 탄복함으로써 자신을 견제하는 사람에게 겸손하다는 걸 보이는 행동이다. 감군 신비는 추격해야 한다고 말한다. 사마의는 병사 2,000명에게 굽이 낮고 가벼운 신발을 신게 하고 추격한다. 적 안까지 추격한 사마의는 제갈량이 죽었다고 확신을 한다. 『진서』에는 사마의가 제갈량 목상木像을 보고 도망갔다는 내용은 없다.

제갈량을 잡지 못한 모습을 본 백성은 "죽은 공명이 산 중달을 달아나게 했다"는 노래를 지었다. 사마의는 노래를 듣고 웃으며 "나는 살아있는 사람을 잘 알지, 죽은 사람을 잘 알지 못하기 때문"이라 말하며 넘어간다. 노래로 자신을 놀리는 것에 개의치 않았다. 사마의의 목적은 제갈량을 막아내는 일이었다. 목적을 달성했기에 만족할 수 있었다.

제갈량이 죽고 촉나라 군대는 철수하며 양의와 위연이 서로 권력을 다툰다. 제갈량 한 사람이 죽었을 뿐인데 촉나라는 혼란한 상황이었다. 양의는 위연을 죽인다. 이 상황을 파악한 사마의는 진군하려 했으나, 황제가 허락하지 허락하지 않는 조서가 내려지면서 접는다. 여기까지가 『진서』 〈선제기〉의 내용이다.

죽은 제갈량의 철수과정을 극적으로 표현한 『삼국지연의』는 "죽은 공명이 산 중달을 달아나게 했다"를 더욱 부각했다. 제갈량을 신격화하려는 의도가 다분히 깔려있다. 정리하면 다음과 같다.

천문을 보던 사마의는 큰 별 하나가 붉은빛을 보이면서 촉나라 지형으로 떨어지는 걸 본다. 사마의는 제갈량이 죽은 것을 확신하며 군사를 출동시킨다. 오장원의 촉한군 영채는 텅 비어있었다. 제갈량이 죽었다는 걸 확신한 사마의는 군사 대오를 돌격형으로 바꾸어 빠르게 추격한다. 추격하던 중 한방 포 소리와 우렁찬 함성이 들려온다. 후퇴하는 촉나라 군사가 방향을 선회하면서 다가오고 있었다. 그 모습을 본 사마의에게 눈에 띄는 사람이 있었다. 사륜거에 부채를 들고 단정히 앉아있는 제갈량이었다.

이 모습을 본 사마의는 질색하며 후퇴를 외친다. 위군은 혼비백산해서 창, 칼을 버리고 도망가기 바빴다. 서로가 엉키며 압사로 죽은 자도 많았다. 사마의가 정신없이 50여 리 도망가자 두 장수가 촉군은 멀리 도망갔다고 사마의를 안심시켰다. 사마의는 투구를 만지며 묻는다. "내 머리가 붙어 있느냐?" 정신을 차린 사마의는 진영으로 돌아가 군사들에게 망을 보게 했다. 이틀이 지나고 백성이 와서 제갈량이 죽었으며, 강유만 기병 1,000여 명으로 길을 막았다고 말한다. 그리고 사륜거에 단정히 앉아있던 건 사람이 아니라 목상이었다고 고한다. 이 모습을 보고 "죽은 공명이 살아있는 사마의를 달아나게 했다"란 노래가 생겼다.

『삼국지연의』에는 사마의가 목상만 보고 도망갔다고 표현했다. 『진서』에는 궁지에 몰린 적을 공격하지 않는다고 이야기한다. 둘의 이야기는 다르지만 사마의는 제갈량이 원하는 싸움에 걸려들지 않았고 라이벌을 이긴 승리자가 된 건 똑같다. 사마의는 건괵을 보고 제갈량의 앞선 수를 읽어버린다. 그리고 원하는 모습을 보여주지 않았다.

사마의는 앞선 수를 읽는 탁월한 식견을 가지고 있었다. 식견은 미래를 예상하는 지식이다. 하지만 우리는 현재밖에 살지 못한다. 미래는 우리의 영역이 아니다. 우리는 '그럴 것'이라고 예상만 할 뿐이다. 이 식견을 높이면 위태롭지 않게 살 수 있다.

제갈량의 이미지는 없는 바람을 불게 하고, 그가 하는 모든 행동과 말은 언제나 옳았다. 제갈량은 사람보다 신적인 이미지가 있다. 대단한 인물이지만 장삼이사 같은 사람이 추구할 수 없는 경지에 오른 사람이다. 반대로 사마의는 자신의 부족함을 알고 근신했으며 시스템이 있는 조직에서 회사원처럼 살았다. 그리고 그 안에서 견제를 받았다. 자녀를 사랑했으며 가문을 지키고 싶어 했다. 어쩌면 인간적인 면에서 사마의가 훨씬 매력적이다.

그의 길을 따라가다 보면 부족하지만, 인간적이다. 그에게 위태로운 상황을 피하고 싶은 마음은 평범한 사람과 다른 바 없다.

## ⋮ 이도류 대가의 자기혁신법

사마의가 평생을 두고 발휘한 식견은 신이 준 선물이 아니다. 과거 정보를 철저히 받아들이고 미래를 예상하는 일이다. 한마디로 패턴을 찾는 일이다. 사마의는 제갈량의 패턴을 잘 알고 있었고, 조씨 가문을 보필하며 역사 속 권력의 패턴을 잘 알고 있었다.

패턴을 찾을 때 겉모습을 보면 안 된다. 패턴을 만들어낸 본질적 메커니즘을 찾는 게 중요하다. 사마의가 위태로운 상황을 피할 수 있었던 건 패턴을 알고 있었기 때문이다. 건괵 에피소드에서 보듯 상대방

사마의 자기경영

이 원하는 장소와 시간에서 싸우는 걸 피해야 하지만 반대로 내가 원하는 장소와 시간에서 싸우는 방법도 알아야 한다. 이 방법은 일본의 유명한 사무라이이자 『오륜서』의 저자 미야모토 무사시宮本武藏의 전략을 참고할 필요가 있다.

결투를 통해 자신의 명성을 쌓아야 하는 사무라이는 결투 전 상대를 감정통제 불능으로 만들면 유리하다. 미야모토 무사시는 결투에 앞서 늦게 나간다. 몇 시간 늦게 나가 상대의 화를 돋우거나 겁먹었다는 착각으로 교만함을 키운다. 하지만 늘 늦게 나가서 화를 부추기는 건 아니다. 마타시치라는 사무라이와 대결 때, 무사시가 언제나 늦게 나타나는 것을 안 마타시치가 여유를 부린다. 그가 여유를 부리고 있을 때 무사시는 나무에 숨어 있다가 기습공격을 한다. 자주 사용하는 패턴을 파괴한 일이다.

바이겐이라는 사무라이와 결투에서는 예상치 못한 검을 들고 나와 상대를 농락했다. 두 개의 검으로 하나는 장칼이고, 다른 하나는 단칼이었다. 즉 이도異刀 기술이다. 과거에 없었던 검 운영을 보고 상대는 당황했다. 장칼에 신경을 빼앗기면 단칼이 어떻게 나갈지 몰랐고, 단칼에 신경 쓰면 장칼에 당할 수 있다. 혼란한 모습을 보이자 무사시는 달려들어 바이겐을 찔러 죽인다.

어느 결투에선 수많은 구경꾼을 앞에서 느긋한 어부의 모습을 보이거나, 목숨이 걸린 결투인데도 지저분하게 옷을 입고 미소를 보내며 상대를 농락했다. 또 다른 결투에서는 약속한 장소에 나타나지 않고 누워 자는 모습을 연출해 상대방이 찾아왔을 때 결투가 있었느냐며 농락한다. 농락 후 결투 앞에 나설 때는 진지하게 싸움에 임한다. 그리고 상대는 감정적으로 흔들린 상태로 싸움을 시작한다.

미야모토 무사시는 예상을 뛰어넘는 방법을 착안해 상대를 농락했다. 특히 목숨이 걸린 진지한 대결을 앞두고 아무렇지도 않은 듯한 모습은 상대를 농락하기에 안성맞춤이었다. 또한, 자신이 꾸준히 만들어놓은 이미지를 스스로 파괴함으로써 승리를 얻는다. 이렇듯 분위기의 반전은 상대를 농락하는 데 큰 힘을 발휘한다. 상대가 진지하면 당신은 가볍게 행동하고 말하며, 기존에 갖고 있던 관습을 파괴하는 것이다.

살면서 내가 가진 감정대로 산다면 편할 수 있다. 하지만 꼴불견의 이미지는 물론 경쟁상대가 원하는 모습으로 인생을 끌려갈 수밖에 없다. 상대방의 패턴을 찾아 휘말리지 않도록 감정을 통제해서 최후의 승자로 변모해야 한다.

사마의는 라이벌이자 자신이 위나라에 존재해야 하는 이유를 만들어준 제갈량을 이겼다. 방법은 매우 단순했다. 제갈량이 화를 돋우면 참았고, 속전속결을 원하면 장기전으로 끌고 갔다. 그리고 전쟁을 창과 칼의 다툼이 아니라 수명의 관점으로 바꾸었다. 상대가 원하는 싸움은 하지 않는 게 병법의 기초다.

## 8장
## 철저한 보고로 신임을 얻고,
## 결과로 인정받는다

### ✱✱ 필부유책 그리고 보고의 철두철미

앞에도 다루었듯 '천하흥망天下興亡 필부유책匹夫有責'이란 말은 평범한 사람에게 경종을 울린다. 지금 경영이 어렵고 힘들다면 최고경영자의 잘못이 가장 크지만, 올바른 판단을 내리게 도와주지 못한 부하직원의 잘못도 크다. 아무리 직책이 낮아도 조직의 흥망에 말단사원도 분명 책임이 있는 법이다.

시간을 팔아 월급을 받으면 그만이라는 생각만 한다면 조직은 물론 개인도 발전이 없다. 과거처럼 회사에 무조건 목숨 걸고 충성하라는 뜻이 아니다. 조직도 발전 없이 회사만 쳐다보는 개인을 끝까지 책임질 필요가 없다. 개인은 근무를 통해서 자아실현과 자기계발에 최선을 다하고, 최선을 다한 행동이 조직 또는 회사에도 긍정적인 영향력을 행사해야 한다.

자아실현이나 자기계발로 조직에 긍정적인 영향력 행사하는 것 중 단연 으뜸은 상사가 올바른 의사결정을 하도록 도와주는 일이다. 그래서 조직에 첫 번째 고객은 상사라 할 수 있다. 첫 번째 고객이 올바른 판단을 유도하는 게 부하직원의 핵심역할이다. 그 시작이 바로 보고하는 태도이다.

　　많은 직장인이 보고를 어려워하는 이유가 있다. 보고는 연습은 없고 오직 실전만 있기 때문이다. 학교나 가정에서 보고하는 방법을 가르쳐주지 않는다. 실무에서 깨지면서 배우는 게 보고다. 배우는 데 어려움이 있지만 보고를 잘한다면 상사로부터 신뢰를 쌓을 수 있고, 올바른 결정에 도움을 줄 수 있다.

　　신뢰를 쌓고 올바른 결정에 도움을 주는 보고는 세 가지 기본 요소로 이루어져 있다.

　　첫째, 사실만을 보고 한다.
　　둘째, 핵심을 추려 간결하게 한다.
　　셋째, 자신의 결론을 논리적으로 이야기한다

　　보고는 처음은 물론 중간보고도 중요하다. 중간보고 할 때는 다음과 같다.

첫째, 장기간 진행되는 업무.

둘째, 초기 설정 목표를 변경할 때.

셋째, 경험 부족으로 직접 판단이 어려울 때.

넷째, 결정권자에게 중간보고가 필요할 때.

조직은 최고경영자를 제외하고 대부분의 업무는 보고하는 것과 보고한 일을 진행하는 일이다. 보고하는 것과 그것을 수행하는 게 조직원의 공식적 업무다. 조직 안에는 정치, 파벌이 있지만, 공식업무를 잘해야 정치, 파벌도 할 수 있다.

삼국지 영웅들이 떠나고 제갈량마저 떠난 상황에서 사마의의 실력과 능력을 유감없이 발휘한 일이 일어난다. 바로 요동의 공손연을 정벌하라는 임무다. 사마의는 황제 조예에게 철저한 계획과 원리원칙에 맞는 보고로 군신 간의 신뢰와 시뮬레이션을 통한 전쟁 준비, 그리고 견제세력의 방어를 이루어낸다.

조조, 조비에 이어 황제가 된 조예는 3대로 이어지면서 창업주의 정신이 얕아졌다. 영웅들의 시대정신은 천하 통일이지만 조예는 그럴만한 의지가 부족했다. 더욱이 위협의 대상이던 제갈량마저 죽으면서 조예는 긴장이 풀려버린다.

돈과 권력이 있는 자가 긴장이 풀리면 색色을 탐하게 된다. 조예는 수려한 외모를 가진 곽부인을 얻어 헤어 나올 줄 몰랐다. 그리고 궁궐 공사에 많은 자원을 투입하느라 국고는 부족했다. 어느 날, 조예 정실 부인 모황후가 조예를 찾아갔다. 옆에는 곽부인이 있었고, 이미 술에 취한 상태였다. 모황후는 술을 그만 마시라며 나무란다. 그리고 꾸짖 듯 폐하는 새것만 좋아하는 것 같다라고 말한다. 화가 난 조예는 모황후를 죽이고 곽부인을 황후로 삼는다. 조예는 천하 통일이라는 시대 정신에 관심도 없이 살아간다. 그럴수록 민심은 조씨 가문을 떠나고 새로운 시대가 오길 기다리고 있었다.

이런 상황에서 238년 허창과 먼 거리에 있는 요동태수 공손연이 스스로 연왕을 자처하며 궁전을 세우고 연호를 만들어 부하들에게 관직을 나눠준다. 또한, 대장군 비연卑衍과 양조楊祚에게 군사를 주고 수비를 강화한다. 공손연이 자신 있게 위나라에서 독립할 수 있었던 건 위나라 수도와 요동은 상당히 먼 거리였기 때문이다. 여기에 공손씨 집안은 요동에서 3대째 집권했기에 뿌리가 강했으며 15만 명의 대군을 거느리고 있었다. 조예는 공손연을 제거하지 않으면 독립을 인정하는 꼴이었다. 제거하는 일을 사마의에게 지시한다.

공손연 정벌은 공격하는 입장에서 매우 불리한 전쟁이다. 특히 거리가 멀어 후방보급이 없다는 점에서 심각한 위기를 초래할 수 있다. 또한, 중간에 전쟁 상황을 보고 할 수 없어 자칫 정치적 권력투쟁에서

정적들에게 먹잇감이 될 수 있었다. 하지만 사마의는 공손연 정벌에 자신감이 넘쳤다. 그리고 철저한 보고로 조예를 안심시킨다.

궁에 도착한 사마의에게 조예가 먼저 말문을 연다.

> "유주자사 관구검이 공손연을 정벌하려 했으나, 큰비가 내려 철군을 했소. 그대를 수고롭게 하지 않으려 했으나 관구검은 공손연의 상대가 못 되오. 이번 일은 반드시 이겨야 하므로 그대를 불렀소. 앞으로 공손연은 어떻게 움직일 것 같소?"
> "공손연이 성을 버리고 달아나면 그것은 상책이요. 요하를 지키면 중책이요. 양평성만 지킨다면 하책입니다. 양평성을 지킨다면 반드시 사로잡겠습니다."

다시 조예가 어떤 계책으로 공손연을 제거할지 묻는다.

> "공손연의 지력 수준은 높지 않습니다. 그는 반드시 요하로 나와 저지한 후 양평에 돌아가 지키려고 할 것입니다."

이 계획에 필요한 군사를 묻자 사마의는 4만 명이 필요하다고 말한다. 조예는 대규모 토목공사로 재정 상황이 말이 아니었다. 4만 명의 숫자는 무리가 있지만 결국 허락한다. 다음은 전쟁 기간에 대해 말한다. 사마의는 군더더기 없이 보고 한다.

사마의 자기경영

> "가는데 100일, 돌아오는 데 100일, 싸우는데 100일, 휴식하는 데 60일로 1년입니다."

깔끔한 보고와 넘치는 자신감으로 조예는 출병을 허락했다. 그리고 사마의는 오나라가 침공할 수 있으니 만일의 상태에 대비해 방비 계획도 보고하며 조예를 안심시켰다.

사마의의 보고는 그의 일 처리 방식을 잘 나타낸다. 최고책임자를 만나기 전부터 사전에 계획을 치밀하게 세워놓았다. 특히 전쟁을 끝낸 후 철군 기간까지 계획함으로써 신뢰를 더욱 준다. 치밀한 계획은 정확한 자원을 요구할 수 있으며, 계획했던 기간만큼은 정치적 정적의 공격을 피할 수 있다. 또한, 전쟁을 시뮬레이션하면서 문제점은 없는지 보강할 수 있었다. 보고에 필요한 요소를 다 갖추고 최고책임자가 현명한 결정을 하도록 했다.

보고를 끝마치고 사마의는 조예에게 현재 일어나는 대규모 토목공사에 관해 쓴소리를 한다.

> "황화 북쪽의 백성이 곤궁하고 안팎으로 노역에 시달리고 있으니 동시에 일을 일으킬 수 있는 상황이 아닙니다. 궁전을 짓는 일을 잠시 멈추고 시급한 일부터 해결하소서."

과거처럼 근신하고 조심하는 사마의가 아니었다. 천하 통일이라는 시대정신을 이루기 위해 민중의 지지가 필요했으므로 조예에게 민중을 살피라는 조언이다. 쓴소리지만 공손연을 정벌할 수 있는 사람은 사마의뿐이라 조예는 받아들여야 했다. 어느 시대건 실력이 있다면 자기 목소리는 용인되는 법이다.

## ⁑ 인간적인 고뇌를 노래한다

사마의는 4만 명의 군대와 함께 요동으로 출발한다. 요동으로 가는 중간에 사마의는 고향을 방문한다. 금의환향이 따로 없다.
하지만 『진서』 〈선제기〉에는 "사마의가 탄식하며 서글퍼했다"라고 나오며 그 마음을 노래로 표현했다.

> 천지개벽하여 일월이 다시 빛난다
> 때마침 시기를 얻어 힘을 다해 나라를 지켰네
> 적의 무리를 소탕하러 가며 고향을 지나가네
> 만 리를 숙청하여 천하를 통일하려네
> 공을 이루고 무양에서 죄받길 기다리겠네

어려운 임무를 앞두고 고향에 가보니 옛 친구들은 사라지고 젊은 날의 아름다움은 추억일 뿐이다. 전쟁에 이겨 돌아간다 해도 살아남을지 알 수 없음을 노래했다.

사마의의 겸손함이 정치적 술수가 많은 중앙정치에서 겪는 어려움을 표현한 것으로 볼 수 있다. 사마의는 낭고상이라는 오해 이후 줄곧 눌려있는 상황이었다. 이 억압된 상황이 공손연 정벌과정에서 폭발하는 일이 벌어진다. 바로 민간인 학살이다. 자숙하며 조심했던 사마의가 큰 오점을 남긴 일이다. 그만큼 눌리고 억압받은 일이 많았던 삶이다.

사마의가 온다는 소식에 공손연은 정예군 8만을 뽑아 요하 동쪽으로 주둔시켰다. 그리고 해자를 깊게 파고 방어를 준비한다. 나머지 병사는 양평을 방비했다. 사마의는 성동격서聲東擊西 전략을 채택한다. 먼저 병력 일부를 적 주둔지 서쪽으로 배치한 후 공격을 한다. 그리고 일부 군대를 남쪽 전선을 공격하려는 것처럼 보이게 이동시켰다. 적은 남쪽 전선 방어에 눈을 돌린다. 남쪽 전선에 눈이 팔릴 때 사마의 정예 병력이 요하를 건너게 하여 배와 부교를 불태워버린다.

이렇게 적의 주력부대는 놔두고 근거지 양평을 공격하는 것처럼 보이게 한다. 자신의 근거지를 공격당한 것으로 착각한 주력부대는 마음이 급해지며 즉각 양평을 구하러 간다. 이 기회를 놓칠 사마의가 아니었다. 양평으로 가는 길목에 있는 수산이라는 곳에 군사를 숨겨두고 기습을 한다. 3차례의 기습으로 적을 대파하며 주력부대를 잃게 한다. 공손연은 사마의가 원하는 대로 양평성에서 성만 지키게 된다.

순조롭게 진행될 줄 알았던 상황에 큰 변화가 온다. 바로 우기가 시작된 일이다. 큰비가 연일 내리면서 성을 포위하는 것에 한계가 왔다. 참모들은 진영을 다른 곳으로 옮기자고 제안했지만 사마의는 진영을 옮기려 하는 자는 벌한다고 지시한다. 지금 진영을 옮기면 모든 것이 수포로 돌아가기 때문이다. 하지만 장정이라는 장수가 빗속에서 진영을 지키는 것에 의문을 품고 따지자 사마의는 장정을 처형한다. 시범 효과를 보인 것이다. 당장 어렵지만 모두 진영을 지켜야 했다.

## ⁝ 흩어지면 잡기 힘들다, 미끼로 모이게 하라

양평을 지킨 공손연은 큰비가 자신을 구원하러 온 하늘의 뜻이라 생각했다. 하지만 사마의는 큰비로 생긴 수로를 활용해 군수 물자를 옮기는 등 철수할 기미는 보이지 않았다. 그렇다고 공격할 뚜렷한 모습도 보이지 않았다. 오히려 포위가 느슨한 곳까지 발견했다. 공손연은 뜻을 모른 채 포위가 느슨한 곳에서 말먹이와 땔감을 구하고 성으로 돌아가 버렸다. 이 모습을 본 사마의 참모들은 공격도 하지 않고 포위를 느슨하게 하는 이유를 묻는다. 『진서』 〈선제기〉에는 그 이유가 상당히 구체적으로 나와 있다.

"지금 적은 많고, 우리는 적다. 적은 굶주리고, 우리는 배부르다. 여기에 큰비까지 내려 공격할 마땅한 방도가 없다. 나는 적의 공격이 두려운 것이 아니라 도망갈까 걱정했다. 지금 적은 양초가 떨어질 것이다. 그런데 포위가 완전하지 않은 상태에서 적의 양초를 빼앗고 땔감을 빼앗으면 적이 달아나게 몰아가는 것이다. 싸움은 속이는 일로 상황에 따라 임기응변을 잘해야 한다. 적은 큰비에 의지하여 식량이 부족하더라도 항복하지 않은 것을 보니 마땅히 무능한 것처럼 보여 적을 안심시키고자 하는 일이다."

사마의는 몇 수를 앞서 상황을 판단했다. 적이 달아난다면 식량을 아낄 수 있고, 한꺼번에 적을 섬멸하기 힘들어 장기전이 될 수밖에 없다. 사마의 예상처럼 공손연은 식량이 떨어지자 사마의는 포위망을 철저히 하고 공격에 들어간다. 1개월간에 걸친 공격 끝에 양평성 상황은 말이 아니었다. 식량이 없어 사람이 사람을 먹는 지경에 이르렀다. 공손연이 항복을 청하면서 전쟁이 끝났음을 알렸다.

항복과정에서 사마의는 요동에 반란의 싹을 없애려는 듯 행동한다.

공손연은 왕국과 류보라는 사신을 보내 항복을 받아주고 포위를 풀면 손을 묶고 나오겠다며 말한다. 사마의는 항복을 허락지 않고 사신을 죽이지 않는다는 불문율을 깨고 사신을 죽인 뒤 모욕적인 글을 써서 보낸다.

> "이 두 사람은 나이가 들어 분명 말을 전하면서도 뜻을 왜곡했을 것이므로, 그대를 위해 죽였소. 만약 항복하고 싶다면 젊고 판단력이 있는 사람을 보내시오."

마음이 다급해진 공손연은 젊은 시중을 보낸다. 사마의는 항복을 받지 않고 꾸짖는 장면이 나온다.

> "군사는 다섯 가지 요체가 있다. 싸울 수 있으면 싸워야 하고, 싸울 수 없으면 지켜야 하고, 지킬 수 없다면 도망가야 하고, 나머지는 항복하든가, 죽어야 한다. 너희가 손을 묶고 투항하지 않은 것은 일전하겠다는 것이니 더는 인질을 보내지 마라."

젊은 시중의 말을 듣고 더는 희망이 보이지 않은 공손연은 탈출을 시도한다. 잘 싸인 포위망은 사냥감 쫓듯 공손연과 그 아들을 사로잡는다. 사마의는 둘을 죽이고 함께 동조했던 관료들을 잡아 죽이며 요동 정벌을 마무리한다. 사마의의 예측대로 전쟁은 3개월 남짓 걸려 끝냈다. 요동 정벌은 후방보급도 없는 상태에서 4만 명의 군사로 15만 명을 이긴 정벌이었다. 사마의의 용병술이 얼마나 뛰어났는지 볼 수 있는 대목이다. 특히 병법에 기초한 계략들은 상대방에게 기회조차 주지 않고 승리를 끌어왔다. 사마의가 기본기가 얼마나 충실했는지 알 수 있다.

"군막 안의 회의는 천 리를 간다"란 말이 있다. 비록 현장 상황을 정확히 알 수 없지만, 회의를 통해 큰 그림을 미리 그려 넣을 수 있다. 사마의는 보고과정에서 큰 그림을 그렸다. 큰 그림은 본질을 말한다. 요동정벌의 본질은 신속하게 공손연을 제거하는 일이다. 큰 그림은 군막 안에서 이루어지고 자세한 그림은 요동에서 그려나갔다.

우리의 삶도 그러하지 않을까? 삶의 본질적 모습은 늘 품고 다니면서 방법은 시대에 맞게 바꿀 수 있다. 또한, 무언가 빨리 이루기 위해 기교만 있는 게 아니라 기본을 바탕으로 기교를 이루는 일이다.

조직에 있다면 보고하는 모습을 차분히 돌아보자. 있는 그대로를 보고하고 올바른 판단을 할 수 있도록 도와주고 있는지, 그리고 보고를 통해 상사와 관계가 어떻게 변했는지 말이다. 조직의 첫 번째 고객은 상사라는 점을 기억해라. 보고를 끝내고 일을 실행할 때 큰 그림은 리더와 함께하고 세부적인 건 현장에 맞게 변화시키면 된다.

**9장**
# 출구전략으로 끝맺음을 완성한다

## ✲✲ 창, 칼의 충돌이 끝나면 두 번째 전쟁이 시작된다

'전투戰鬪'는 창과 칼의 충돌이지만 '전쟁戰爭'은 이보다 복잡하다. 특히 전쟁이 끝난 후 해야 할 이들은 훨씬 복잡하고 많은 이권이 개입되어 있다.

승리한 쪽은 패배한 쪽에게 확실한 복종과 많은 전리품을 요구한다. 패배한 쪽은 더 많은 독립권과 재기의 기회를 찾는다. 그래서 전쟁은 두 번 한다. 하나는 '무력전쟁'이고, 다른 하나는 끝맺음을 이루는 '출구전쟁'이다. 프리드리히 니체의『환희의 지혜』에는 출구전략, 즉 끝맺음에 대한 말이 나온다.

┃ "최고의 대가로 인정받는 기준은 어떤 문제에서 그들이 완벽한

사마의 자기경영

결말을 찾아내는 방법을 알고 있다는 데 있다. 그것이 크든 작든 그리고 음악의 선율 혹은 어떤 사상, 아니면 비극의 마지막이나 국가 행동이 됐든 어디서나 마찬가지다. 이류에 해당하는 자는 언제나 결말을 향해 부단하게 전진하나 예를 들어, 포르토피노의 산들이 자부심과 평정을 유지하며 바다에 뛰어드는 형상으로 완벽하게 절벽을 이루는 것과 달리 완벽한 결말에 도달하지 못한다."

니체는 일류와 이류의 차이를 끝맺음으로 본다. 역사상 끝맺음, 출구전쟁이 탁월했던 인물은 알렉산더 왕이다. 어릴 때부터 승마, 창검은 물론 철학자 아리스토텔레스에게 개인과외를 받았으며, 어머니 올림피아로부터 신적인 영감도 받았다. 그는 전투를 넘어 전쟁이 끝난 후까지 볼 수 있는 눈을 가지고 있었다.

점령지 페르시아 공주를 부인으로 맞이했으며, 점령지에 정치, 경제 체제를 변함없이 이어가며 반발을 피했다. 군대를 움직일 때 반항하면 무자비한 조치가 떨어졌지만, 항복하면 관대함을 베풀었다. 또한, 알렉산더 스스로 점령지 옷을 입고 관습에 따랐으며 그들의 신앙을 숭배하는 모습까지 보였다.

알렉산더는 아버지의 갑작스러운 죽음 때문에 불안한 상태에서 정권을 이어받았다. 하지만 단기간에 대제국을 건설했다. 제국을 넓히는 것보다 중요한 건 유지하는 일이다. 핍박과 무리한 조공을 받아내려 했다면 제국이 넓어질수록 반란만 생긴다. 알렉산더는 핵심이익을 제외한 나머지는 자율권에 맡기는 전략으로 출구전쟁을 마무리한다. 끝맺음을 잘했던 리더다.


## ⁑ 어떤 명분으로도 정의로운 전쟁은 없다

무력전쟁에서 이기기만 한다면 실리도 없는 소모적 전쟁일 뿐이다. 출구전략을 세워야 한다. 사마의는 공포와 자비로 공손연 점령지에서 출구전략을 사용한다.

사마의는 공손연을 사로잡아 목을 베고 그의 헛된 꿈에 옹호했던 도시들도 항복했다. 요동을 다시 충성스러운 지역으로 만들어야 했다. 이 과정에서 사마의는 매우 잔인하고 역사에 오명을 남기는 수단을 쓴다. 그 내용이 『진서』 〈선제기〉에 자세히 나온다.

> "15세 이상 된 남자 7,000여 명을 죽이고 시체를 모아 무덤을 만들었다. 공경 이하의 관리는 모두 처형하고 장수 필성 등 2,000명을 참수하며, 거둬들인 호구가 4만이고 인구는 30만이었다."

15세 이상 된 남자의 구분이 어려워 기둥에 표식하고 키가 넘으면 죽였다고 한다. 대략 1만 명이 넘는 사람이 전후戰後 처리 과정에서 죽임을 당한다. 그리고 시체를 집단무덤으로 정리해버린다. 일부에서는 시체를 산처럼 쌓아 보게 하는 경관京觀을 구축했다고 한다. 시체를 한층, 한층 쌓아서 언덕을 만드는 일이다. 매우 잔인한 일로 고대 전쟁사에서 종종 볼 수 있었던 일이다. 공포를 조장해서 반란의 싹 자체를 없애는 행위다.

왕육민 중국역사연구가가 쓴 『중국인구사』에는 황건의 난 이전 후한 말 인구는 5,600만이라는 통계가 있다. 삼국지 시대가 끝나고 진나라 인구는 1,600만 명으로 나온다. 전란으로 제대로 된 인구조사가 이루어지지 않았다는 점을 고려하더라고 전쟁과 학살, 기근, 질병으로 얼마나 많은 사람이 죽었는지 알 수 있다. 영웅들은 천하의 패자가 되겠다며 자기들끼리만 정의로운 전쟁에 무구한 백성을 앞세운다. 어느 한쪽에 가담하지 않으면 죽을 수밖에 없는 민중의 삶은 사람이 사람을 잡아먹는 참담함까지 겪어야 한다.

삼국지는 영웅들이 각자의 꿈을 향해 달려가는 모습이지만 그 안에 민중은 금수禽獸보다 못한 삶을 살아간다. 이런 이유로 혹자는 삼국지를 매우 천박하고 잔인한 이야기라 말한다. 하지만 우리가 역사를 배우는 이유 중 하나는 같은 잘못을 반복하지 않기 위해서다. 누군가 '정의'를 외치며 정의로운 전쟁을 주장할 때, 거기에 무조건 동조하기보다 객관적으로 상황을 봐야 한다. 즉 역사적 사례를 통해 자각自覺해야 하는 것이다.

대한민국은 남북이 갈라지고 대치하고 있다. 누군가 거대한 착각에 빠져 전쟁을 정의라 외치면서 아름다운 수사로 선동할 가능성이 큰 곳이다. 그 피해는 삼국지 시대는 물론 언제나 모든 전쟁이 그러하듯 피해자는 평범한 사람이다. 이 세상에 정의로운 전쟁은 존재하지 않는다. 그래서 삼국지 안에서 교훈을 얻고 미사여구로 정의로운 전쟁을 외쳐도 경계해야 한다. 삼국지 안에서도 사마의를 배워야 하는 이유는 전쟁을 종식하는데 결정적인 이바지를 했기 때문이다. 외척과 환관들의 전횡과 황건의 난 이후 끝없는 전란 속에 최종 출구를 마련한 사람이 사마의라는 점에서 그의 삶의 방식과 경영을 배워야 한다. 역사는 끊임없이 자각을 주고, 사마의도 자각을 우리에게 자각을 준다.

젊은 시절 사마의는 각 영웅이 정의라 말하는 전쟁에 가담하지 않았다. 고향에서 사람들을 교육하고 농작물 생산에 필요한 일들을 도와주는 행정가로 살아간다. 세월이 흘러 조조의 강제 부름으로 중앙 정치에 발을 담그고 군대를 통솔했다. 사마의는 이 전란을 빨리 종식하고 백성을 쉬게 해야 했다. 하지만 3대 세습으로 조예는 전란 종식

의지가 없어 보였다. 촉나라 강유, 오나라 손권은 여전히 위협적인 존재였다. 촉나라, 오나라가 또 다른 정의란 이름으로 전쟁을 일으키면 백성만 힘들어질 뿐이다. 전쟁을 빨리 종식시켜야 했다.

사마의는 요동백성 1만 명을 죽이고 그 시체를 동산처럼 쌓았다. 출구전쟁에서 사마의는 반란의 싹 자체를 원천적으로 차단해버린다. 다른 방법도 있었지만, 이런 잔인한 수단을 쓴 것은 개인적인 삶과도 인연이 깊다.

조용한 선비의 삶을 꿈꿨지만, 어느 편에는 가담해야 하는 세상에서 조조 편에 가담을 한다. 조조 편에서 그는 낭고상이라 불리며 반란할 사람이라는 지적과 끊임없는 견제를 받았다. 사마의는 평생을 욕망과 생각을 억압당했다. 답답함은 말할 것도 없었다. 그래서 마음껏 자신을 생각을 펼칠 수 있는 양주와 옹주에 가서 군사를 양성했지만, 이 역시 배신자로 몰려 좌천당한다. 제갈량과 싸우며 '겁쟁이'란 이름이 그를 따라다녔다. 사내로서 참을 수 없었지만, 총사령관으로서 참아야 했다. 요동에 오기 전 머릿속에 짜인 각본대로 전쟁이 진행되었다. 그의 탁월함을 스스로 증명했다. 하지만 고향에서 지은 시처럼 처벌을 기다리고 있었을지 모른다.

황제 조예에게 보고했던 것처럼 전쟁 상황은 사마의 계획대로 되었다. 하지만 예상치 못한 큰 비를 맞으며 철군까지 고민한다. 물에 떠

내려가는 무고한 병사를 보면서 총사령관으로 많은 고뇌를 했을 일이다. 공손연이 딴마음만 품지 않았다면 일어나지 않아도 될 전쟁을 하고 있다는 분노도 있다. 종합적인 상황에서 사마의는 억압된 욕망과 분노를 폭발시킨 일이다.

요동은 견제하는 사람도 없고 반란이라는 분명한 죄가 있는 곳이다. 심판을 통한 절차가 아니라 무자비한 방법을 썼다. 역사에서 사마의는 독하게 참고 인내하는 인물로 나오지만, 요동에서의 학살은 큰 오명을 남긴다.

비슷한 인물을 찾으면 제갈량 밑에서 움직인 위연이 있지 않을까. 용맹함과 과감성이 있지만, 첫 번째 주군의 폭정을 못 참고 배신했다는 이유와 반골상이라는 이유로 늘 억압돼서 살았다. 제갈량은 위연이 제안하는 전술은 채택하지 않았고 불만을 표출하면 달래기보다 문책을 했다. 위연은 제갈량이 죽자마자 반란을 일으킨다. 눌려있던 감정이 폭발한 일이다. 위연 역시 자신의 감정을 누르지 못한 잘못으로 목숨까지 잃는다.

사마의는 오명을 남기고 전후처리 과정 중 하나인 숙청을 마무리한다. 이젠 점령지 정책을 시작한다. 점령지 정책은 식량을 풀어 백성을 달래고, 그 지역에 명사나 문화를 존중해주는 일이다. 사마의는 공손연에게 독립을 반대하다 살해당한 윤직倫直과 가범賈範의 무덤을 직접 찾아가 제사를 지낸다. 시대의 정의가 무엇인지 직접 보여줌으로써 점령지 정책을 이어나간다. 조정에 상소해서 60세 이상 군인 1,000여 명을 먼저 돌려보내고 관리들에게는 전쟁 중 사망한 집에 가서 상을 치르게 했다. 전쟁 출구전략으로 사마의는 잔인함과 자비를 동시에 진행한다.

## ** 의심을 구조적으로 원천 차단한다

요동에서 사마의는 다시 한번 탁월한 처세를 발휘한다. 요동의 겨울은 빨랐고 매우 추웠다. 병사가 사마의에게 저고리 옷을 요청했는데 사마의는 주지 않았다. 그러자 어느 관리가 "다행히 오래된 저고리가 많이 있으니 그들에게 주시지요" 하며 창고를 알려준다.

창고에는 따뜻한 옷이 있었다. 사마의는 잠시 생각에 잠기고 한마디 한다. "저 저고리는 관물官物이니 신하 된 사람으로 사사로이 나누어 줄 수 없다"고 선을 긋는다. 춥고 힘들더라도 있는 옷으로만 겨울을 보내야 했다.

창고에 쌓여있는 옷을 나누어주고, 겨울이 끝나고 다시 돌려받을 수 있지만 사마의는 그렇게 하지 않았다. 이유는 무엇일까? 두 가지로 볼 수 있다.

첫 번째는 충성심을 보이는 방법이다.

요동은 조정과 거리도 멀고, 선심 쓰듯 저고리를 주면 그만이다. 하지만 외부에 나가 있는 관리는 작은 일로도 충성심에 오해를 받을 수 있다. "전장에 있는 장수는 주군의 명령을 어길 수 있다"는 불문율이 있지만 사마의는 충성심에 오해가 가는 행동을 원천 차단한다.

두 번째는 군법을 세우기 위해서다.

큰 사건은 언제나 작은 일에서 시작된다. 저고리를 나누어주는 건 군법을 위반하는 행위다. 그 뜻이 좋아도 위반은 잘못된 일이다. 병사들도 군법 위반을 대수롭지 않게 생각할 수 있다. 스스로 법을 지키면서 군법의 위엄을 직접 보인 것이다.

사마의는 조예에게 보고했던 것처럼 100일 만에 전쟁을 마무리하고 돌아갈 채비를 한다. 출발할 때는 신속하게 움직였지만 돌아가는 길은 이틀 이동하고 하루 쉬면서 천천히 이동한다. 승리 장군으로 빨리 돌아가고 싶지만 그러지 않았다. 중앙정치는 견제와 시기, 질투가 그를 기다리고 있기 때문이다.

돌아가는 길에 사마의는 꿈을 꾼다. 바로 황제 조예가 무릎에 머리

사마의 자기경영

를 베고 "내 얼굴을 보시오"라며 이야기하는 꿈이다. 철저한 보고, 군법의 위엄을 보이며 군신 간에 신뢰가 쌓인 상태에서 조예의 건강에 이상이 생겼음을 암시하는 꿈이다.

꿈속 조예의 등장은 사마의에게 다시 한번 위기를 암시했다.

## ✽✽ 마무리를 대하는 사람들의 자세

조직에서 프로젝트를 맡으면 보통 세 사람의 유형을 만나게 된다.

첫 번째는 몽상가다.

시작할 때 엄청난 열정을 분출하지만, 현실적 어려움을 만났을 때 순식간에 사그라진다. 주로 감정적으로 사는 사람으로 기분 따라 일을 진행한다. 짧은 시간 집중력은 대단할 수 있어도 긴 프로젝트를 진행하지 못한다. 무엇하나 이루어놓은 것 없이 포기한 일들만 가득하다.

두 번째는 무조건 끝장을 보는 유형이다.

책임감 때문에 끝까지 진행한다. 끝장을 보지만 처음에 가졌던 열정은 식으면서 프로젝트를 이른 시일 안에 마무리하려고 한다. 끝은 땜질식이고 시작하지 않는 것보다 못하다. 끝장을 보는 것과 시작할 때 출구전략을 마련하는 건 천지 차이다. 이들은 끝장만 볼 줄 알지 출구를 마련하지 못한다.

세 번째는 힘과 균형의 기본법칙을 알고 유연히 대하는 사람이다.

이들은 시작할 때 마무리를 계획한다. '끝내야' 하는 것이 아니라 '끝맺음'을 잘해야 한다는 걸 인식하고 있다. 끝맺음은 서로의 상처를 최소화시키고 회복 가능함을 유지한다. 처음 계획에 벗어나더라도 분노하지 않고 끝맺음을 충실히 한다. 끝맺음은 때에 따라 후퇴도 있고, 협상도 있다. 무력충돌로만 끝맺으면 아무것도 남는 게 없다. 출구전쟁을 미리 계획하고 유연한 대처로 마무리한다.

사마의는 공포와 자비 그리고 정의를 직접 보여줌으로써 출구전략을 이루어낸다. 눈부신 계획과 백전백승만으로는 한계가 있다. 자신이 거둔 백전백승에 희생양이 될 수 있다. 계속되는 승리는 무리한 목표에 환상을 심어준다. 또한, 계속 승리하기 위해 점령지에 가혹한 전리품을 요구한다. 결국, 원수만 만들어낸다.

"시작하는 기술은 위대하나 끝맺는 기술은 더 위대하다"란 말이 있다. 어떤 프로젝트가 끝나고 뒤에 이어지는 정치게임에서 패하게 된다면 프로젝트의 의미는 퇴색된다. 그래서 현명한 사람은 유지하는 방법과 빠져나가는 방법도 미리 생각한다.

유지하는 방법을 미리 계획했더라도 분노나 복수, 조급함, 자만심이

사마의 자기경영

일어나는 경우가 많다. 특히 반항이 격렬할수록 생기는 분노는 씻을 수 없는 상처를 서로에게 준다. 그래서 출구전쟁에서 중요한 건 멈춰야 할 때를 아는 일이다. 이 시기를 전쟁 사상가 카를 폰 클라우제비츠는 '승리한계정점Culminating Point of Victory'이라 불렀다.

승리한계정점을 무시한 역사적인 일이 있다. 승리의 저주라 불리는 피로스의 승리Pyrrhic victory 이야기다. 기원전 281년 로마와 타렌툼 간의 전쟁이 일어난다. 타렌툼은 부유한 국가였지만 실제적으로 군대가 없었다. 타렌툼은 호전적인 그리스 전사 이피로스Ipiros의 피로스Pyrrhic 왕에게 도움을 청한다.

타렌툼은 피로스 왕에게 자국 젊은이를 징병할 수 있도록 하고 일부 땅을 주겠다고 약속한다. 피로스 왕은 대규모 군대를 이끌고 타렌툼에 간다. 피로스는 도착하자 타렌툼에 속았다는 걸 깨달았다. 징병할 젊은이들도 없었고, 약속한 돈은 승리한 뒤 주겠다고 했다.

피로스 왕 도착 소식을 들은 로마군대는 시간을 끌 이유 없이 공격을 개시한다. 헤라클레아라는 도시에서 전투가 일어난다. 피로스 왕은 코끼리를 내세워 전투에 승리한다. 전투는 승리했지만 큰 손실을 보았다. 장군과 장교들 대부분이 전사했다.

로마군대가 패배했다는 소식이 로마 전역에 번진다. 로마의 젊은이들은 다투어 군대에 자원입대했다. 피로스 왕은 타렌툼 젊은이들을 징집했지만 훈련하기에 시간이 오래 걸렸다. 로마군대와 피로스 왕은 기원전 279년 아스쿨룸이란 도시에 다시 전투한다. 이번에도 코끼리를 내세운 기동전술로 피로스 왕이 승리한다. 첫 전투 못지않은 손실이 발생했다. 승리했지만 승리의 전리품을 거둘 힘마저 잃으며 피로스 왕의 원정은 아무것도 없이 끝이 난다.

피로스 왕이 처음 타렌툼에 속은 걸 알고 자국으로 돌아왔다면, 자존심은 상해도 아무 손실은 입지 않는다. 또 첫 전투 후 손실을 보강해야 했지만, 로마는 시간을 주지 않았다. 피로스 왕에게 첫 전투가 승리한계정점이었다. 멈출 줄 아는 출구전략을 생각했다면 장군, 장교들을 아껴야 했다. 승리에 도취해서 비용을 무시한 역사적인 일이다.

주변에 끝맺음을 못 하는 사람이 많다. 시작할 때 끝맺음 생각하지 않기 때문이다. 전투승리는 쟁취하기 위한 하나의 과정이다. 더 많은 걸 쟁취하기 위해 더 많은 걸 희생해야 한다는 걸 잊고 있다. 지금 무엇을 추진한다면 완성 후 기쁨이 아니라 희생을 먼저 생각하는 현명함이 필요하다.

공격하는 측, 방어하는 측은 각각 최상의 조건이 성립될 때 충돌을 멈추고 협상을 진행하는 법이다. 승리한계정점을 인식하지 못하면 전쟁은 계속되며, 승리했다 해도 숙청만 반복하다 복수심만 길러낸다. 희생을 먼저 생각하면 멈출 때를 알 수 있다.

사마의는 1만 명이라는 숫자를 죽였지만 멈추고 정의를 보인 사람의 무덤에 직접 찾아가 제사를 지낸다. 승리한계정점에서 고개를 숙일지 아는 사람이다. 이 승리한계정점은 비즈니스 세계에도 적용된다. 특히 협상할 때 필요하다. 최고로 좋은 결말을 내겠다고 협상이 길어지면 부정적인 결론이 나올 수 있다. 또한, 한계를 모르고 계속 협상하려 든다면 나의 카드를 모두 보이는 꼴이다. 철수할 때를 알고 상대에게 여운을 줌으로써 다른 무언가 있다는 걸 보일 수 있다.

마무리하지 못하면 에너지를 소모하고 감정적 낭비, 자원 낭비를 겪게 된다. 당사자는 물론 상대방도 피곤하게 하는 일이다. 승리한계정점은 협상이나 경쟁을 시작할 때부터 설정하고 빠져나오자. 더 전진하면, 더 많은 시간을 쏟으면 더 좋은 결과를 낼 수 있다는 욕망에서 벗어나는 사람이 현명한 사람이다.

세상 모든 것은 끝이 있다. 끝이 없다면 시작도 없는 법이다. 사마의는 끝맺음을 상황에 맞게 전개했고 뒤탈 없게 마무리한다. 공손연 정벌은 사마의의 지혜, 용병술, 정치적 기술 등 모든 것이 최절정임을 증명했다. 고로 그를 견제하는 세력은 늘었다. 사마의는 견제 세력에게 견제 명분을 원천차단하고자 법을 지키고 끝까지 겸손을 유지한다.

우리 삶에서 마무리는 존재한다. 즉 죽음이다. 세밀하게 그린 그림으로 마무리할 수 없지만 큰 틀의 마무리는 설정하고 상황에 맞게 세세한 부분을 진행하는 건 어떨까? 처음 목표를 100% 이룰 수 없어도 끝맺음을 통해 어느 정도는 다가가 있지 않을까? 흘러가는 대로 생각한다면 흘러가는 대로 살아가고 흘러가는 대로 마무리될 뿐이다. 그렇게 살기에는 한 번뿐인 삶이 아깝다.

# 10장
# 독하게 참고 한 번의 기회를 놓치지 않는다

## ** 크로노스, 카이로스의 개념과 죽음

우리가 태어나면서 가져올 수 있는 유일한 자원은 '시간'뿐이다. 나머지는 부모나 사회에서 주어진다. 부모나 사회가 많은 걸 줘도 시간을 제대로 활용하지 못하면 많은 자원이 무색할 정도로 허무한 삶을 살아간다. 반대로 부모나 사회가 많은 걸 주지 못해도 내가 가져올 수 있는 유일한 자원인 시간을 잘 활용해 운명을 뒤집는 사람을 자주 볼 수 있다. 그만큼 시간이란 자원은 공평하며 가능성이 가장 큰 자원이다.

무한한 가능성을 가진 시간의 개념은 두 가지가 있다.

1. 크로노스의 시간
2. 카이로스의 시간


크로노스의 시간은 우리가 알고 있는 숫자상의 시간이다. '12시는 점심시간' '일요일은 공휴일'이라는 걸 인식하고 있는 시간을 말한다. 누구에게나 공평하게 주어진다. 카이로스의 시간은 의미로 가득한 시간을 말한다. 사랑하는 사람과 데이트, 중요하다고 생각하는 일에 몰입하며 일하는 시간 등을 말한다. 살아가면서 카이로스의 시간이 많으면 원하는 삶을 살 수 있다.

그리스 로마신화에서 카이로스는 '기회의 신'이라 불린다. 기회의 신 모습은 매우 독특하다. 앞머리 숱이 무성하고 뒷머리는 대머리다. 손에는 칼과 저울이 있고, 어깨는 물론 양발에도 날개가 달려있다. 카이로스가 앞머리 숱이 무성한 건 발견하면 쉽게 잡을 수 있다는 뜻이다. 하지만 우물쭈물하면 대머리인 뒷머리는 잡을 수 없다. 칼과 저울은 기회가 왔을 때 행동을 의미한다. 행동할 때 저울과 같이 정확히 판단하고 칼처럼 날카롭게 움직이라는 뜻이다. 발에 달린 날개는 기회는 순식간에 사라진다는 걸 의미한다. 결국, 기회를 잡는 사람은 행동하는 사람의 몫이며 영광도 행동하는 사람이 누릴 수 있다.

자본이 기회를 만들어내는 세상이라지만 기회가 왔을 때 행동하지 않은 사람은 후회로 살 수밖에 없다. 결국, 크로노스의 시간, 카이로

사마의 자기경영

스의 시간, 무엇이든 시간과 시간이 주는 기회는 소중한 법이다. 그걸 잡는 사람이 최후의 승자가 된다.

사마의는 기회가 오길 기다렸다. 그리고 기회가 왔음을 직감할 때 모든 걸 걸고 행동했다. 삼국지 시대 나이로 70세에 기회가 온 것이다. 지금쯤이면 95살 정도가 되지 않을까? 사마의는 그동안 쌓아온 명예와 자본 등 모든 걸 걸어야 했다. 모른 척하고 편안히 살 수 있었지만, 발에 날개 달린 기회가 왔을 때 칼처럼 날카롭게 행동한다.

239년 요동정벌을 마치고 사마의는 회군을 하고 있었다. 황제 조예가 자신의 무릎에서 '내 얼굴을 보시오' 했던 꿈이 걱정이었다. 얼마 후 급보가 날아온다. 사마의에게 즉각 복귀하라는 내용이다. 복귀 이유는 정확히 알 수 없지만, 조예는 황제가 된 후 이런저런 잔병치레가 많아 위독함을 직감할 수 있었다. 이틀 거리를 하루 만에 달려 조예를 만나러 간다. 가는 도중 조진의 아들 조상이 대장군이 되었다는 소식을 접한다. 죽기 직전 조예는 태자가 어리고 사마의의 견제가 필요하니 조씨 집안에서 최고 권력자가 옆에 있어야 한다는 판단이었다. 조상의 대장군 임명은 삼국지 역사를 바꿀 사건의 씨앗이 된다.

입궁하니 조예는 수척한 얼굴로 사마의를 맞이한다. 그리고 가까이 불러 유비가 제갈량에게 후사를 부탁한 일을 이야기한다.

"유비가 백제성에서 죽을 때, 어린 아들 유선을 제갈량에게 부탁했고, 제갈량은 유비에 이어 유선에게도 충성을 다했소. 촉나라도 저러한데 우리는 더 큰 나라가 아니오. 조방은 겨우 여덟 살이라 사직을 다스리기 어려울 것이오. 태위사마의와 이윤, 주공 같은 높은 신하들은 태자를 돕는 데 힘을 써주시오."

그는 이어 어린 조방에게 "중달과 나는 한 몸과 같으니 마땅히 짐대하듯 공경하라"는 말을 남기고 사마의에게 조방의 손을 잡게 한다. 조방은 사마의의 붙잡은 손을 놓지 않고 울기만 했다. 안도감을 느꼈는지 잠시 후 조예는 숨을 거둔다.

조조는 사마의에게 한직에 머물게 하며 그의 성실함 지켜본다. 조비는 행정권을 주면서 사마의의 실력을 저울질했다. 조예는 사마의에게 병권을 주고 전적으로 의존했다. 다시 정권이 바뀌었다. 어린 조방은 사마의에게 어떤 존재가 될지는 아무도 알 수 없다.

조예의 장례를 치르고 대신들은 조방을 황제의 자리에 올린다. 사마의와 조상은 어린 황제를 함께 모셨다. 둘은 동등한 직급을 가지고 있었으나 나이는 조상이 한참 어렸다. 처음 조상은 사마의를 원로 대신으로 모셨다. 하지만 조상은 사마의를 견제하기 시작했다. 주요 요직에 측근을 기용하고 중요한 국사에 사마의를 배제했다. 노골적인 견제를 한 것이다.

사마의 자기경영

견제와 배제에도 무언가 부족했던 조상은 어린 황제에게 관직 중 가장 위에 있는 태부太傅를 사마의에게 내려 달라고 요청한다. 아무것도 모르는 어린 황제는 윤허한다. 태부는 '황제의 스승'이란 명예로운 자리지만, 병권이나 인사권이 없는 허울뿐인 자리다. 사마의는 묵묵히 받아들인다. 4대를 모신 원로 대신으로 병권이 없는 관직은 허탈하기 그지없었다. 누가 보아도 조상이 사마의를 견제한 일이다.

사마의의 태부 관직은 조정대신, 신하, 경세가經世家 등이 사마의를 측은하게 생각하는 계기가 된다. 사마의가 정변을 일으켰을 때 낙양 내부에 큰 동요가 없었던 건 뻔뻔한 조상의 견제와 조씨 가문의 사치와 향락이 한몫했었다. 사마의의 태부 관직은 조상의 옹졸함을 보이게 했다.

## :: 실력이 있다면 보여야 한다

병권을 빼앗긴 사마의는 다시 병권을 찾을 기회가 생긴다. 바로 241년 오나라가 공격해 온 것이다.

오나라는 제갈각, 제갈근, 전종, 주연에게 군사를 주어 공격하게 했다. 제갈각, 제갈근, 전종은 패했지만, 주연만큼은 맹공했다. 위나라에서 주연을 막을 자로 사마의가 자처했다. 일흔이 가까운 나이에도 현장을 누빌 수 있다는 자신감이며 용병술만큼은 위나라 최고라는 자부심이 있었다.

나이를 떠나 실력이 있으면 보여야 한다. 그래야 인정받을 수 있다. 조상은 사마의가 다시 병권을 잡는 게 탐탁지 않았다. 하지만 일흔이 넘는 나이에 전쟁에 나가면 제갈량처럼 노환으로 죽거나 적에게 죽을 수도 있었다. 일종에 차도살인借刀殺人 계책으로 조상은 사마의를 전선으로 보낸다.

오나라 주연은 사마의가 온다는 말을 듣고 도망을 간다. 사마의 명성이 만든 두려움 때문이다. 사마의는 끝까지 추격해 큰 피해를 주고 실력을 마음껏 펼친다. 242년 오나라 제갈각이 위나라를 다시 침략한다. 사마의가 출전하자 제갈각도 도망가기 바빴다. 피 한번 안 흘리고 승리를 얻는 동시에 그의 명성은 더 높아간다. 오나라의 두 차례 공격은 사마의가 종회鐘會와 등애鄧艾라는 젊은 인재를 얻는 계기가 된다. 둘은 삼국통일에 결정적인 이바지를 한 사람들이다.

조상이 차도살인을 계획할 때 실수를 한 점이 있다. 사마의는 헛소리를 하는 사람이 아니다. 나이는 일흔에 가깝지만 자신 있게 말하는 이유를 파악하고 전선에 보내지 말아야 했다. 하지만 앞선 수를 읽지 못한 조상은 그가 노환으로 죽거나, 적의 손에 죽을 거라는 막연한 희

사마의 자기경영

망을 품고 전선으로 보낸다. 바람과 달리 사마의의 명성만 높이는 꼴이 된다. 민심과 충심이 사마의에게 가까워지고 있었다.

오나라 공격을 막은 후 사마의는 병을 핑계로 두문불출한다. 247년의 일이다. 그의 아들들은 아버지의 뜻을 알고 함께 두문불출한다.

이 사이 조상은 어린 황제를 등에 업고 사치와 향락을 즐긴다. 황제에게 바쳐야 할 선물을 자기가 먼저 보고 가져가거나, 주색에 빠지고, 큰 비용이 드는 사냥을 자주 떠나며 신하들과 민심의 원망을 듣는다. 주변에서 걱정했지만, 조상은 "병권이 나에게 있는데 누가 대항하겠느냐?"며 사치를 즐긴다. 상관이 이러한데 그의 부하들도 못 할 이유가 없었다. 갈수록 민심은 떠나고 민심이 떠나면 새로운 지도자를 원하는 건 모든 역사의 일정한 패턴이다.

### *** 일장춘몽－場春夢을 노래할 나이에 꿈을 꾸다

사마의는 두문불출했지만, 마음속에는 큰 뜻이 있었다. 세상이 원하는 시대정신은 삼국통일이었다. 계속 대치만 하면 사람이 사람을 잡아먹는 비참한 꼴이 계속될 수 있었다. 위, 촉, 오, 세 나라 중 어딘

가는 전쟁을 끝내야 했다. 황제 조방은 어리고 그를 보좌하는 조상은 삼국통일에 관심은 없고 사치만을 즐겼다. 삼국통일을 자신이 해내지 못하더라도 통일의 의지가 있는 조직으로 바꿔야 할 필요가 있었다.

사마의의 첫째 아들 사마사는 여기저기 돌아다니며 젊은 인재를 몰래 모으고 훈련하고 있었다. 비밀을 위해 둘째 아들 사마소도 모를 정도로 은밀하게 진행한다. 그 숫자가 3,000여 명이었다. 3,000여 명은 가장 결정적인 순간에 사용될 비밀군사였다. 사私군대를 3,000명 조직하고도 비밀이 누설되지 않았던 건 조상에 대한 원망과 국가감시 시스템이 제대로 작동되지 않았기 때문이다.

원로대신에 적의 침공까지 막은 사마의는 허울뿐인 관직만 있었다. 삼국시대 나이를 고려하면 68세가 된 사마의는 일장춘몽―場春夢을 노래하며 편안한 말로를 위해 모든 걸 내려놓을 수 있었다. 하지만 사마의는 전란을 끝내고 싶은 꿈이 있었다. 이 꿈을 이루기 위해 그동안 쌓아온 명성, 부, 가문까지 잃을 수 있는 위험천만한 도전을 한다. 바로 통일을 열망하는 국가를 위한 정변이다.

오늘날은 100세 시대라 한다. 직장 정년은 60세 내외인 상황에서 정년퇴직 후 모든 걸 내려놓고 하루하루 살 수 있지만, 40년을 하루하루 지나가듯 살아갈 수 없다. 40년을 시대정신에 부응하는 대의大

사마의 자기경영

義는 아니더라도 꿈과 목표를 가지면 정말 많은 걸 이루어 낼 수 있는 시간이다. 사마의는 일흔에 가까운 나이에 시대를 구하는 한판 대결을 준비하고 있었다. 꿈은 젊은이의 특권이 아니라는 걸 사마의는 몸소 보여주었다.

조상은 사치와 향락에 빠져 즐기고 있었지만 신출귀몰한 사마의가 내심 걱정이었다. 권토중래해서 조정에 등장할 수 있기 때문이다. 자신의 심복인 이승이 마침 형주자사로 임명을 앞두고 있었다. 이승에게 사마의의 상태를 염탐해보라 시킨다. 사마의는 이승이 온다는 소식을 듣고 그가 방문하는 목적을 명확히 알고 있었다.

사마의는 머리를 풀고 아픈 사람처럼 표정을 짓는다. 주변 시녀들에게도 환자 대하듯 맞장구 하라고 지시한다. 옆에서 큰아들인 사마사도 안타까운 표정으로 지켜본다. 연극의 준비는 끝난다. 이승이 도착하자. 죽을 넘기는 듯 마는 듯하고 탕약도 마시지 못하고 흘려버렸다. 푹 꺼진 눈으로 이승을 본다.

> "태부님. 오랜만에 뵙겠습니다. 형주자사로 임명되어 인사드리러 왔습니다."

사마의는 못 알아듣는 척하고 말문을 연다.

> "병주는 북방이라 위험한 곳이니 흉노 오랑캐를 경계하고 잘 방비해야 하네."

답답한 마음에 이승은 큰 소리로 형주로 간다고 말하자 사마의는 알아듣는 듯 다시 말문을 연다.

> "나는 곧 흙으로 갈 것 같네. 형주는 중요한 곳이니 젊은 그대에게 좋은 기회가 될 것이네. 내가 죽어도 내 아들들을 잘 부탁하네. 나는 그만 힘들어서 누워있겠네."

옆에 있던 사마사가 아버지가 귀가 잘 안 들린다고 말하고 병세가 악화하여 걱정이라 흘리며 대문까지 안내한다. 염탐하러 온 이승은 사마의가 얼마 못 갈 것을 예감하고 조상에게 보고한다. 조상은 기쁨을 감추지 못했다. 이승이 떠나고 사마의는 자리에서 일어나 조상은 더욱 교만해질 것이라며 그의 동태를 살필 것을 지시한다.

사마의는 상대가 보여주고 싶은 걸 연기하는 데 탁월했다. 당시는 목숨이 가벼운 시대였다. 상대방을 순수하게 받아들이지 못하고 의심하는 피로함이 있지만, 생존이 우선이다. 사마의는 연기를 통해 자신을 지켜야 한다는 걸 알았다. 또한, 특별한 행동에는 반드시 뜻이 있다는 걸 알고 있었다. 조상의 심복인 이승이 자신을 찾아온 순간 특별한 행동임을 알고 의도를 간파했다.

우리는 진실한 사람을 좋아한다. 학교에서도 진실하라 배운다. 문제는 진실한 사람을 진실로 대접하는 세상이 아니라는 점이다. 이런 세상을 원망할 필요가 없다. 자연이 만든 모든 것이 연기하며 상대를 속인다. 색깔을 바꾸는 카멜레온, 혀를 먹잇감처럼 흔들어 물고기를 잡는 거북이, 죽은 척 연기하는 쥐가 있고, 사람은 이성을 유혹하기 위해 더 큰 척, 더 강한 척 연극을 한다. 그러나 인간에게는 문명이 있고 관습이 있으며 법이 있다. 이 테두리 안에서 연극을 해야 한다.

### ✱✱✱ 세勢의 개념으로 쿠데타 4가지 요소를 갖추다

조상의 교만함이 절정에 달했던 249년. 조상은 조씨 무덤이 있는 고평릉으로 향한다. 제사를 지내기 위해 황제 조방과 그의 세 아우, 심복 하안 등과 함께 성을 나선다. 어림군과 시중을 포함한 긴 행렬이었다. 성문에 도달할 때쯤 신하 환범이 수레를 막아선다.

> "대장군께서 형제들과 함께 나갔을 때 무슨 변고가 생기면 어떻게 합니까?"

환범의 말은 일리가 있었지만, 조상은 무시하고 고평릉으로 떠나버린다. 이 소식을 들은 사마의는 기회가 왔음을 감지했다. 더는 미룰이유가 없었다. 기회의 신이 다가왔다. 사마의는 아들 사마사, 사마소를 부르고 몰래 훈련시킨 3,000여 명의 군사를 집결시킨다.

동서고금을 막론하고 성공한 쿠데타에는 네 가지 요소가 필요하다.

군대·명분·지지·언론

사마의는 오래전부터 이 네 가지를 고민했고, 신속하게 행동한다. 가장 먼저 무기고를 점령한다. 그다음은 큰아들 사마사에게 조상이돌아오거나 성 밖의 군대가 들어올 수 있으니 성문을 장악하게 한다. 동시에 황제 조방 어머니 곽황후를 설득해 군사를 통제하는 조서를내리게 한다. 사도 고유高柔에게 대장군을 맡기고, 태복 왕관王觀에게중령군을 맡기며 조서를 들고 성 안팎에 군사를 통제시킨다. 사마의는 태위 장제蔣濟와 함께 낙수에 군대를 주둔시키며 고평릉으로 연결된 다리를 지킨다. 그리고 곽황후의 이름으로 조상의 잘못을 고발하는 상소를 올린다.

정변은 하루밖에 걸리지 않았다. 오랜 기간 참고 참아온 인내의 승리이며, 기회의 신을 주저 없이 잡은 사마의의 행동력의 승리였다. 사마의는 전격적으로 잡은 권력을 안정화를 위해 남은 과제가 있었다.

정권의 안전한 연착륙이다.

사마의가 전격적으로 정권을 잡은 건 기회를 놓치지 않은 과감성에 있다. 여기에 하나 더 생각할 개념이 있다. 바로 '세勢'이다. '세'는 『손자병법』에 아주 중요한 개념이다. 팽팽하게 당겨진 활시위를 누군가 건든다면 맹렬한 힘이 발휘한다. 중요한 건 누군가 건들어야 한다는 점이다.

사마의가 추구했던 세는 상대방의 행동을 보고 판단하는 '반격反擊의 세勢'다. 제갈량이 속전속결을 보여주면 사마의는 장기전에 돌입한다. 맹달이 장기전을 보이면 속전속결을 추구한다. 조상의 사치와 향락을 보고 백성의 불만이 커졌다. 이 팽팽해진 '불만에 활시위'를 건드려준다.

반격의 세에서 중요한 건 어떤 상황이든 절망적으로 보지 않는 평정심이다. 적이 크고 강해도 분명 약점이 있다. 그리고 나의 약점은 연극만 제대로 하면 강점으로 변화시킬 수 있다. 사마의가 아프고 힘없는 노인으로 보이게 한 연극처럼 말이다. 연극으로 조상은 더 교만하고, 사치를 즐겼다. '반격의 세'를 마련한 셈이다.

반격의 세를 가지고 승리한 전투가 있다. 춘추전국시대에 강력한 위魏나라는 제齊나라를 공격한다. 제나라 장군은 손빈을 찾아가 계책을 묻는다. 손빈은 위나라 장군이 제나라를 우습게 본다는 사실이 중요하다고 조언한다. 우선 상대가 원하는 걸 보여주기 위해 아궁이 수를 줄이는 기만술을 펼친다.

제나라는 처음에 아궁이를 많이 만들어놓는다. 차츰 후퇴하면서 아궁이 숫자를 줄인다. 위나라는 아궁이 숫자를 보고 탈영병이 많다는 착각을 주었다. 자만이라는 활시위를 팽팽하게 당기고 있었다. 또한, 제나라는 잡힐 듯 말 듯 한 후퇴 거리를 유지하며 자신이 원하는 계곡으로 끌고 온다.

제나라 장수는 계곡 중간에 있는 큰 나무에 껍질을 벗기고 "위나라 장군은 이곳에서 죽는다"란 글을 써놓는다. 아궁이가 줄어들고, 곧 따라잡을 수 있다는 자만심에 가득한 위나라 장군은 계곡에 도착한다. 계곡 중간에 있는 큰 나무에 멈춰서 글씨를 보려고 횃불 밝힌다. 횃불이 나무에 가까이 다가가자 계곡에 매복해있던 궁수들이 화살을 퍼붓는다. 자신이 속았다는 걸 깨달은 위나라 장수는 자결한다.

제나라 장수는 먼저 공격하거나 그렇다고 겁을 먹지 않았다. 상대가 원하는 걸 계속 보여주며 자만이라는 활시위를 팽팽하게 당겨주었다. 그리고 나무에 도착하자 활시위를 건드려 승리를 차지했다. 반격의 세를 잘 활용한 일이다. 여기에는 인내와 끈기, 약점을 보는 혜안, 그리고 연극까지 갖추었기에 가능했다.

시대가 변해도 인내와 끈기는 가치 있는 처세다. 빠른 것을 찾고,

사마의 자기경영

즉흥적인 걸 찾는 세상에 시간의 조공을 바친 건 가치를 발휘한다. 사마의는 온갖 수모와 위기 속에서 인내와 끈기로 최후의 승리자란 이름을 쟁취했다. 빠름을 예찬하는 시대에 이른 성공으로 중간에 사라지는 경우가 많다. 사람이 오랫동안 기억하는 건 빠른 성공이 아니라 시간의 가치를 알고 끝까지 완성해낸 사람이라는 점이다.

사마의는 시간의 가치를 알고 끝까지 인내했다. 그리고 기회가 왔을 때 놓치지 않았다.

## ** 혁명보다 어려운 개혁을 이끌다

전한 말의 정치가이자 신왕조8~24년를 세운 왕망王莽은 혼란한 사회를 빨리 안정화하고 싶었다. 그렇기 위해선 많은 개혁이 필요했다. 사람들이 바라는 안정화는 유교를 통한 통치였다. 하지만 유교사상은 진시황의 분서갱유로 책이 사라졌다.

어느 날 왕망에게 중요한 정보가 흘러들어 온다. 시골학자 집에서 분서를 피한 책이 발견되었다는 소문이다. 이런저런 상황을 살펴본 왕망은 책이 거짓이라 판단한다. 하지만 책이 진실, 거짓은 중요한 일이 아니었다. 왕망은 책을 압수하고 서예가들을 시켜 그가 구상한 개혁을 지지하는 글을 거짓된 책에 추가한다. 왕망은 아무것도 모른다는 듯 개혁의 뿌리는 유교 속에 있고, 유교에 따른다는 걸 강조했다. 사람들이 바라는 유교사상 속에 개혁이 있으니 수긍하고 변화를 주문

166

했다.

왕망은 사람의 마음을 잘 아는 정치가다. 사람은 변화를 좋아하지 않는다. 하지만 과거에 인정받았던 건 쉽게 수용하는 성향이 있다. 즉 보수적이다. 왕망의 개혁은 새로운 것이 많았지만, 유교에서 이미 시행하거나, 유사한 내용이 있다는 착각을 만들어내며, 사람들의 거부감을 줄였다.

"혁명보다 어려운 건 개혁"이라는 말이 있다. 세상을 바꾸고 싶은 사람에겐 모든 걸 뒤집고 새롭게 시작하는 게 빠르고 편할 수 있다. 서서히 바꾸는 개혁은 말도 많고, 탈도 많다. 하지만 개혁은 혼란을 피하며 다수의 지지 속에서 변화를 이끌 수 있다.

사람은 이중성이 내포되었다. 그중 하나는 변화의 필요성을 느끼면서도 변화가 자신에게 직접 미치면 분노를 토해낸다. 그래서 개혁을 할 때 덜 개혁적으로 보여야 하며, 당신에게 변화가 없음을 알려야 한다. 그와 동시에 변화의 핵심적 걸림돌을 제거해야 진행할 수 있다.

조직에 새로 부임했을 때 변화를 주고 싶다면 '혁명을 할지', '개혁을 할지'를 결정해야 한다. 혁명한다면 다 뒤집어야 하지만 개혁은 부조리의 핵심을 제거하고 서서히 바꾸면 된다. 단 부조리의 핵심은 반드시 제거해야 한다. 어정쩡하게 놔둔다면 넝쿨처럼 다시 자란다.

189년 삼국 분할의 근본적인 원인을 제공한 십상시의 횡포를 보다 못한 하진은 십상시를 제거하기로 한다. 하진은 원소의 충고에 따라 동탁을 성으로 끌어들인다. 조조는 부조리의 핵심인 십상시만 제거하면 될 일이라며 동탁 입성을 반대한다. 하진은 받아들이지 않는다. 서슬 퍼런 칼을 앞세운 동탁의 등장은 삼국을 분할시키는 원인이 된다. 하진이 동탁을 끌어들이건 십상시의 사私군대 등 모든 걸 제거하는 데 도움을 받고 싶었는지 모른다. 반대로 조조는 십상시만 죽이면 나머지는 오합지졸이라 생각했다. 근본 원인만 제거하면 될 일이었다.

모든 걸 바꾸려는 급격한 혁명은 저항을 가져온다. 사마의는 혁명의 위험성을 알고 있었다. 혁명은 대대적인 숙청을 예고한다. 그러나 숙청은 또다시 복수를 예고한다. 하루 만에 조상의 권력을 빼앗은 사마의는 핵심을 추리고, 혁명의 위험을 피하는 전략을 사용한다.

창과 칼의 충돌이 끝나면 앞에도 이야기했던 '출구전쟁'이 시작된다. 군사들의 움직임을 보고 환범은 조상이 있는 고평릉으로 달려간다. 그리고 사마의의 쿠데타 소식을 전한다. 조상은 자신의 행동을 후회한다. 상황파악이 빠른 환범은 사마의에게 대항하는 현실적인 조언을 한다.

▎"지금 저희는 천자를 모시고 있는데 누가 부름에 응하지 않겠습

니까? 이곳은 허창과 멀지 않습니다. 허창은 군량이 풍부하니 몇 해를 버틸 수 있으며, 대장군의 별동대가 남쪽에 있으니 허창과도 가깝습니다."

환범은 허창에 가서 대항하자는 말에 조상은 고민에 빠진다. 그 사이 사마의의 서신이 도착한다. 사마의는 병권만 빼앗았을 뿐 제후 지위와 재산은 보존해주겠다는 내용이다. 조상은 편지를 보고 칼을 던지며 말한다.

"병권이 없으면 어때, 부자로 살 텐데…"

이 말을 듣고 환범은 한탄하듯 욕하고 울분을 토한다.

"자단조진이 고양이 새끼를 키웠구나."

환범은 현실적인 계책을 가지고 있었다. 사마의는 3,000여 명의 군사만 있었다. 또한, 허창은 조조 때부터 조씨 가문의 기반이며, 낙양 안에 옹호해줄 신하들도 얼마든지 있었다. 하지만 조상은 천하를 통일하겠다는 뜻이나, 백성을 위하겠다는 뜻이 없었다. 개인의 영달을 지켜준다는데 골치 아프게 저항할 필요가 없기 때문이다.

사마의의 서신은 거짓이었다. 어느 누가 병권을 빼앗고 공동정부를 세우자고 말하겠는가? 사마의는 조상을 안심시키고 기습하는 전략을 채택한다. 다음 날 투항을 다독이고 안심시키기 위해 조상의 측근 윤대목과 허윤을 보낸다. 조진은 마음을 놓고 투항한다.

사마의는 조상을 안심시키며 뒤에서는 조상과 그의 일족, 측근을 제거하기 위한 증거를 찾는다. 가택에 구금된 조상은 식량이 떨어지자 사마의에게 식량을 달라는 편지를 쓴다. 사마의는 식량과 고기를 보내준다. 이제야 조상은 자신을 죽일 생각이 없다는 걸 알고 안심했다.

조상이 안심하고 있을 때 사마의는 거침없이 계획을 실행한다. 조상의 심복이자 그의 일거수일투족을 알고 있는 하안何晏에게 증거를 찾아오라 시킨다. 하안은 자신이 살 수 있는 유일한 길은 조상뿐만 아니라 측근들이 잘못한 증거를 많이 찾아오는 일이었다.

쿠데타가 일어난 5일 후 하안이 가져온 죄목을 상세히 읽고 조상, 조희, 조훈, 등양, 정밀, 필궤, 이승, 환범, 하안, 장당을 참수하고 삼족을 멸했다. 재판과정에서 사마의와 하안의 일화가 있다.

하안은 자신이 살기 위해 눈에 불을 켜고 죄목을 찾아냈다. 그리고 '팔八 명'의 처단자 명단을 가져온다. 사마의는 부족한 표정을 짓는다. 하안이 묻자 사마의는 말이 없이 '구九'를 그린다. 한 명이 빠졌다는 뜻이다. 잠시 후 하안은 빠진 한 명이 자신임을 알고 체념을 했다. 고평릉 사변은 1,000여 명의 사람이 죽고 이렇게 마무리된다.

요동정벌에서 사마의는 무엇이 정의인지를 윤직과 가범의 제사를 직접 주관해서 보였다. 이번에도 정의가 무엇인지 보여준다. 누군가 문을 열어주지 않은 수문장을 죽이고 조상에게 갔던 노지와 신창, 대장군 인印을 끝까지 붙잡고 내놓지 않으려 했던 양종을 처벌해야 한다고 말한다. 사마의는 다음과 같이 말한다.

> "주인을 위한 일이니 권장하려 한다. 의로운 일이니 상을 줘야 하지 않겠느냐?"

칼날로 공포심을 심어주었으니 자비를 보여야 했으며 시범 효과가 필요했다. 노지, 신창, 양종처럼 충성을 하면 보답을 받을 수 있다는 걸 널리 알리는 방법이다.

사마의는 처형한 이들을 제외하고 나머지는 죄를 묻지 않았다. 또한, 모든 정치체제를 그대로 유지한다. 핵심만 추려내서 제거하고 그 핵심에 자기 사람을 넣는 방식으로 마무리한다. 사마의가 승상이 되면서 사마씨 시대가 시작되었다.

고평릉 사변은 삼국지 역사를 전환하는 큰 계기를 마련한다. 어릴 때부터 아버지와 전장을 누빈 사마사, 사마소는 삼국을 통일하는 동력을 만든다. 여기에 삼국통일에 주도적 역할 했던 젊은 장수들은 사마씨 가문의 든든한 지원군이었다. 이로써 시대정신인 삼국통일은 현실로 다가온다.

사마의가 조씨 가문이 만들어낸 모든 걸 부정하고 바꾸려 했다면 많은 저항에 부딪혀야 했다. 기존 기득권은 자신의 기득권을 절대로 놓지 않는다는 걸 알고 있었다. 사마의가 택한 기존의 이익을 보존해주고, 핵심만 제거하는 전략은 탁월한 선택이었다.

## ⁑ 개혁을 대하는 사람들의 공통점

역사에도 급격한 개혁의 위험을 보여준 일도 있다. 개혁을 넘어 모든 걸 뒤집어버리고 새롭게 시작하려 해서 형장의 이슬로 사라진 참모 이야기다.

1520년 영국 왕 헨리 8세는 캐서린과 이혼하고 앤 불린과 재혼을 하고 싶었다. 당시 영국은 가톨릭국가로서 교리에 따라 이혼은 성립되지 않았다. 교황 클레멘스 7세도 이혼하면 왕을 인정하지 않겠다고 협박했다. 답답해하던 헨리 8세에게 빛이 된 사람이 크롬웰이다. 크롬웰은 로마교회와 단절하고 영국의 새로운 교회를 만들자고 제안한다. 왕이 직접 교회 수장이 되는 방식이다. 헨리 8세는 앤 불린과 결혼할 수 있다면 무슨 짓이든 불사할 각오였다. 결국, 새로운 교회를 만들어 이혼 후 재혼한다.

크롬웰은 국왕의 비서로 승진하여 로마교회와 단절하고 신속히 영국의 새로운 교회를 만든다. 당시 영국 안에서 로마교회는 막강한 재산과 권력을 가지고 있었다. 크롬웰은 정의 사도가 되어 로마교회의 재산을 몰수하고 거리로 내쫓는다. 최후에는 가톨릭을 이단으로 규정해버린다.

그의 전격적인 개혁은 저항에 휩싸인다. 가톨릭이 민중을 힘들게 했지만, 마음 한편에는 가톨릭의 교리와 의식을 가지고 있었다. 사람들은 눈앞에 성모마리아 동상과 성인들의 그림이 파괴되는 걸 보게 된다. 또한, 이 개혁에 성공하기 위해 크롬웰은 높은 세금을 부과한다.

문제는 많지만, 자신들이 오랫동안 믿었던 신을 파괴하고 높은 세금이 부과되자 반란이 일어난다. 왕 헨리 8세는 단지 이혼을 원했을 뿐 이렇게까지 개혁을 할 생각이 없었다. 여기에 반란까지 일어났으니 크롬웰에 대한 신뢰는 바닥난다. 마음이 급해진 크롬웰은 최후의 카드를 꺼낸다. 바로 새로운 왕비와 재혼이다. 신교도인 독일 제후국의 공녀와 헨리 8세를 재혼시키기 위해 노력하지만 실패했고 결국 처형당한다. 크롬웰은 극단주의자와 이단아로 역사에 남게 된다.

개혁에는 저항이 있다는 걸 크롬웰은 알고 있었다. 그렇기에 더욱 신속하게 해결하려 했지만, 상황은 정반대로 흘러갔다. 그래서 개혁을 할 때는 저항을 빼놓을 수 없다. 무언가 변화시킬 때는 사람이 가진 보수적인 성향을 과소평가하면 안 된다.

변화를 위해 핵심을 추려낼 때 두 가지를 제공하는 사람을 찾아 제거해야 한다.

1. 자금 2. 사상

공익적인 대외명분이 있어도 자금이 없다면 공허한 울림이며 행동에 제약이 많다. 자금을 제공하는 사람이 핵심표적이 되어야 한다. 단 자금을 제공하는 사람은 칼보다 주판알이 강한 사람이다. 변화의 주체가 되려면 자금이 있어야 한다. 앞뒤 가리지 않고 제거한다면 변화의 원동력인 자금을 잃을 수 있다. 주판알이 강한 자금제공자에게 당신의 요구를 제시하는 게 현명하다.

사상제공자는 위험한 존재다. 이들은 변화를 거부하게 하고 저항의 원천을 제공한다. 사상제공자를 끌고 올 때는 신중함이 필요하다. 자신의 정신적 지주를 데리고 가는 일은 저항을 일으킨다. 사상제공자가 가진 모순과 도덕적 약점을 미리 찾아 끌고 와야 한다. 자금과 사상을 끊어버리면 나머지는 오합지졸이다. 그 나머지는 상황에 따라 언제든지 순응하고 변화에 적응하기 때문이다.

사마의는 핵심을 가려서 제거했고 기존체제를 유지하며 안정을 찾아 나간다. 자신의 이익을 보존해주면 타인의 이익도 보존해주는 전략은 오늘을 살아가는 사람에게도 중요한 처세이다.

급격한 개혁은 피하자. 사람들은 변화의 필요성은 알지만, 자신은 변화하지 않으려 한다. 변화를 막는 핵심을 찾아 제거하고 그들의 이익을 보존해줘라. 이익을 보존해주고 점진적으로 변화를 요구하면 된다.

# 12장
# 마지막 정적 제거와 인간적인 고뇌

## :: 인간적인 고뇌와 고통이 오다

집안에 애경사를 앞둔 사람이 꿈을 꾸면 그것을 해몽하려 든다. 과
학이 발달해도 사람은 꿈을 믿고, 꿈에 대한 메시지를 확인하고 싶어
한다. 꿈에 대한 우리의 믿음이 강하다는 뜻이다. 그래서일까. 꿈은
스토리텔링에 암시나 복선을 깔아주는 최고의 요소다. 소설 『삼국지연
의』에도 꿈에 관한 많은 이야기가 있다.

조조는 꿈에 말 세 마리가 나오자 사마의와 두 아들을 더욱 견제
했고, 동탁은 죽음을 예견하는 꿈을 꾸고도 궁에 입궁했으며, 관우가
죽자 유비는 마지막 인사를 하는 꿈을 꾼다. 손견은 사람을 현혹한다
고 자신이 죽인 우길于吉도사가 계속 꿈에 나와 괴롭힘당한다. 꿈에
관한 이야기는 삼국지 시대나 21세기인 지금도 유효하다.

사마의 자기경영

지금도 유효한 꿈의 종류에는 6가지가 있다.


1. 예지몽—미래를 알려주는 꿈

2. 자각몽—내가 꿈꾸고 있다는 걸 자각하는 꿈

3. 영몽—조상, 산신 등이 나와 길흉을 알려주는 꿈

4. 실몽—꿈을 깬 후에도 기억하는 꿈

5. 심몽—깨어있을 때 생각과 마음을 지배했던 게 나타나는 꿈

6. 허몽—소원을 이루거나 바라는 바를 완성하는 꿈


사마의가 죽기 두 달 전 사마의 꿈에 왕릉이 나와 괴롭게 했다는 내용이 『진서』〈선제기〉에 나온다. 사마의는 최후의 승리자였지만 동시에 인간적 고뇌와 고통도 함께했다. 말년에 심몽으로 고통을 받고 있었다. 권력 정점에 있는 사람도 사람이다. 그 역시 친했고, 형님처럼 모셨던 왕릉王凌에게 '관 뚜껑 못'을 주며 죽음을 암시시켰다. 아무리 친해도 누군가를 죽여야 하는 인간적 고뇌가 있었다.


정적 조상을 제거하고 승상에 오른 사마의는 권력 정점에 있었다. 무소불위 권력은 그에게 부담이었다. 충효를 중요시하는 유교 집안에서 자란 탓에 문제가 많지만, 황제가 믿고 따른 사람을 죽였다는 부담이다.

사마의가 권력에 욕심이 많았다면 정권을 잡자마자 조방을 폐하고 자신이 황제가 되었을 일이다. 하지만 사마의는 사치와 향락에 빠져 백성을 힘들게 했던 조상과 일족, 관련자들만 제거했을 뿐이다.

## ∷ 성공과 실패 속에서 동질감을 느끼다

세상은 내 의도와 상관없이 상황을 마음대로 재단할 때가 많다. 조조가 한나라 마지막 황제 헌제에게 위협적인 존재였던 만큼 황제 조방은 사마의를 위협적인 존재로 여겼다. 또한, 4대째 조씨 가문을 모신 사마의처럼 다른 신하들도 충심으로 조씨 가문을 섬긴 인물들이 있다. 그들에게 사마의는 권력을 찬탈한 사람으로밖에 보이지 않았다. 그중에 태위 왕릉과 연주자사 영호우令狐愚가 있었다. 그들은 사마의를 제거하고 초왕 조표曹彪를 천자로 세울 계획을 세운다. 왕릉의 역쿠데타였다.

왕릉은 사마의와 인연이 있는 사이다. 왕릉은 사마의 형 사마랑과 친했으며, 사마의 심복이라 불리는 가규와 가까이 지냈다. 『삼국지』〈왕릉전〉에는 사마의가 그를 친형처럼 대했다는 내용이 나온다. 그만큼 둘의 사이가 친했다는 뜻이다.

사마의 자기경영

사마의는 왕릉에게 태위 벼슬을 내리고 그가 사는 지역을 잘 다스리길 바랐다. 하지만 조상을 죽인 일로 불만을 품은 왕릉은 외조카이자 연주자사 영호우와 함께 초왕 조표를 새 황제로 옹립하기로 모의한다. 이 모의가 가능한지 낙양에 있는 아들 왕광王匡에게 물어본다. 대세를 읽을 줄 하는 왕광은 즉시 만류하는 편지를 보낸다.

"사마의의 현 상황이 헤아리기 어려우나 황제를 새로 옹립하는 반란을 저지르지도 않았고, 젊고 유능한 사람을 등용하고 있습니다. 조상이 잘못한 일들을 바로 고쳐나가고 있으며 백성의 구휼을 먼저 하고 있습니다. 사마의와 아들들이 병권을 가지고 있는 이상 쉽게 지지 않을 것입니다."

아들 왕광은 대세가 기울었다는 걸 알고 있었다. 하지만 아버지 왕릉은 과거 조조에 대한 기억과 끝까지 충성하고 싶은 로망으로 새 황제 옹립을 은밀히 준비하고 있었다. 그 와중에 함께하자고 의기투합한 외조카 연주자사 영호우가 죽고 만다. 영호우가 죽을 때 외삼촌 왕릉은 실력이나 명분에서 거사가 성공할 수 없다는 걸 알고 있었다. 하지만 왕릉의 고집을 꺾을 수는 없었다.

왕릉의 외조카 영호우는 거사가 성공 가능성이 없다는 걸 감지할 수 있었다. 그는 죽기 전 사마의의 심복 고유固有에게 이 사실을 이야기한다. 고유는 즉시 사마의에게 보고한다. 사마의는 오랫동안 인연이 있고, 태위까지 새로 임명한 그가 반란을 꾀했다는 소식에 황당해했다. 하지만 조금 더 조사할 필요가 있었다. 제보 하나로 죄를 추궁할 수 없었다. 우선 죽은 연주자사 자리에 자신의 심복인 황화黃華를 임명한다.

자신의 모의가 탄로 난 것도 모른 채 기회를 찾고 있던 왕릉에게 기회가 온다. 오나라 손권이 죽자 위나라 군대가 공격을 했다. 오나라도 10만 대군을 보내 회남 지역을 침수하는 수공水攻을 준비한다. 왕릉은 오나라 군대를 막겠다는 명분으로 사마의에게 군사를 지휘하는 '호부'를 달라고 한다. 뻔히 보이는 반란에 호부를 줄 사마의가 아니었다.

마음이 급해진 왕릉은 심복 양홍을 시켜 새로 부임한 연주자사 황화를 찾아가 설득하게 하지만 황화는 사마의 사람이었다. 반대로 황화는 양홍을 설득해 사마의 편으로 돌아서게 한다. 황화는 왕릉의 반란을 사마의에게 보고한다. 반란의 근거가 확실해지자 사마의는 배를 타고 왕릉을 잡으러 간다.

왕릉은 일이 틀어졌다는 걸 알았지만, 모르는 척 배를 타고 오는 사마의를 맞이한다. 반란을 알고 있는 사마의와 모를 거로 생각하는 왕릉은 서로의 마음을 떠본다. 먼저 왕릉이 말을 건다.

▎"편지를 쓰시면 제가 갈 텐데 어찌하여 대군을 이끌고 오셨습니

사마의 자기경영

▌까?"

사마의는 표정의 변화 없이 말을 한다.

▌"그대는 편지로 부를 수 없는 사람이기 때문이오."

자신을 잡으러 왔다는 걸 눈치챈 왕릉은 단도직입적으로 말을 꺼
낸다.

▌"태부께서 저를 저버리셨습니다."

사마의도 단도직입적으로 말한다.

▌"경을 저버릴지언정 나라를 저버릴 수는 없습니다."

"나를 죽일 것이냐?" 직접 물어볼 수 없는 왕릉의 심정은 어떠했
을까? 사마의는 왕릉을 체포하고 낙양으로 압송한다. 왕릉은 죽음
을 피할 수 없었지만, 실낱같은 희망을 품고 싶었다. 낙양으로 압송하
는 중 사마의에게 자신이 죽을 때 관 뚜껑에 박을 못이 없으니 몇 개
만 달라고 한다. 못을 주지 않으면 살 수 있고, 못을 주면 죽음을 피
할 수 없었다. 사마의는 못 몇 개를 준다. 못을 받은 왕릉은 자살한

다. 왕릉의 자살 여부는 분분하지만, 왕릉은 거사에 실패했고 죽음을 피할 수 없다는 건 분명했다.

사마의는 거사에 성공했고, 왕릉은 거사에 실패했다. 이건 단순한 사실이다. 형처럼 따르고 믿었던 사람이 자신을 배신했다는 슬픔과 함께, 두 사내는 자신이 옳다는 일에 목숨을 걸고 행동을 했다. 서로는 동질감이 있었다. 차이는 사마의는 성공했고, 왕릉은 실패했다는 점이다. 왕릉이 죽자 사마의는 장례를 잘 치르고 아들 왕광에게는 어떠한 죄를 묻지 않았다. 왕릉을 죽이고 사마의는 꿈에 왕릉이 자주 나와 괴로워했다.

## ✲✲✲ 죽음, 누구도 피할 수 없는 궁극의 마무리

사마의가 거사를 일으킬 때 직접적인 반대 행동을 한 건 왕릉뿐이었다. 조상이 얼마나 민심을 잃었는지 알 수 있다. 거사 후 사마의의 정책이 탁월했다는 점도 알 수 있다. 왕릉은 대세를 보지 못했지만, 자신이 옳다고 생각한 것에 행동할 줄 아는 사람이었다. 사마의 역시 이 점을 높이 평가하고 후하게 장례를 치러준다.

왕릉을 제거하고 사마의는 노환으로 일어나지 못한다. 251년 9월 삼국지 최후의 승자라 불리는 사마의는 73세로 죽는다. 사마의에 이어 사마사, 사마소가 권력을 이어받는다. 사마사는 대장군, 사마소는 표기상장군으로 봉해져 정치, 군사 분야를 총괄한다. 사마의가 사라지자 곳곳에서 반란이 일어났지만 사마사, 사마소는 탁월한 능력으로 반란을 진압한다. 살아생전 사마의가 성심껏 관심을 보인 젊은 장군들의 도움으로 사마의 손자이자 사마소 아들 사마염司馬炎이 삼국통일을 이루어낸다.

『삼국지연의』에는 사마의는 죽기 전 사마사, 사마소를 불러 유언을 하는 장면이 나온다. 사마의는 평생 유지해온 겸손을 강조한다.

> "위나라를 위해 일하며 태부의 벼슬까지 이르렀으니 신하 가운데 가장 높은 자리를 얻었도다. 사람들은 내게 다른 뜻이 있다 의심하여 일찍 두려운 마음을 먹고 있었다. 내가 죽으면 너희가 국정을 잘 돌보고 일하는 데 있어 신중 또 신중하라."

사마의는 두 아들에게 '신중'을 강조하고 또 강조했다. 그의 유언에는 두 가지 의미가 있다. 하나는 딴마음을 품지 말라는 것과 항상 신중하게 결정하고 행동하라는 내용이다. 사마의는 조상을 제거하고 정권을 잡았지만 딴 마음은 없었다. 어린 황제와 정사를 돌보지 않고 사치와 향락에 빠진 조상을 제거했을 뿐이다. 자신의 유언처럼 다른 뜻이 없었다. 남은 문제는 아들들에게 남기고 떠났다.

사마의는 평균연령 40~50세 시절 73세까지 살았다. 아무리 큰 뜻이 있고 비상한 능력이 있어도 건강하지 못하면 그 뜻을 펼칠 수 없다. 사마의는 타고난 건강은 가장 큰 재산이었지만 아무리 타고났다 해도 관리하지 못하면 소용없다. 사마의가 무엇을 먹고 건강했는지는 찾을 수 없다. 하지만 그의 업무관리와 마음관리는 알 수 있다.

라이벌 제갈량은 오장원에서 소식小食하면서 작은 잘못까지 직접 재판했다. 일관성 있게 일할 수 있지만, 체력소모가 심했다. 사마의는 위임을 할 줄 알았다. 자신이 해야 할 일과 남에게 맡겨야 할 일을 구분했다. 남에게 맡기는 것 역시 능력이다. 남에게 맡기면 체력소모를 줄일 수 있고 맡긴 사람은 실력을 쌓을 수 있다. 아들들은 사마의가 맡긴 일을 잘 수행했고, 실력을 쌓을 수 있었다.

건강의 한 축을 차지하는 마음관리에도 사마의는 탁월했다. 좌천해도, 제갈량이 모욕적인 선물을 보내도 평상심을 유지한다. 전쟁에 나갈 때는 별을 보면서 긍정적인 말로 부하들을 위로했다. 그의 마음 태도가 어땠는지 알 수 있다.

사마의는 당시 나이로 천수를 누렸다. 그리고 평생을 전쟁터에 있었지만, 집안에서 아들들이 보는 앞에서 죽음을 맞이했다. 훗날 삼국을 통일한 손자 사마염은 할아버지에게 '선황제'라 칭하고 제사를 지낸다. 그리고 사마의의 행적을 『진서』〈선제기〉에 자세히 남기며 사마의는 역사에서 평생을 사는 존재가 된다.

## ∷ 자숙형 인재, 현대인이 배워야 할 사마의

오늘날 사마의는 큰 조직에 있는 직원으로 볼 수 있다. 정치가 난무하고 책임과 성과에서 벗어나지 못한 회사원 말이다. 조금만 튄다면 제재당할 수 있고, 실력을 유감없이 발휘하면 시기를 받을 수 있다.

보통사람이 견제와 시기, 질투가 싫다면 만년 과장으로 살든가, 사표를 내고 창업을 했을 것이다. 사마의는 끝까지 겸손한 태도를 보이고 실력을 발휘해서 최고의 자리까지 올라갔다. 자숙형 인재에서 겸손형 리더가 되었다고 볼 수 있다.

세상은 창업을 외치고 자신의 꿈을 이루라 말한다. 동의한다. 하지만 모두가 그렇게 살고 싶지 않다. 조직 안에서 성공을 꿈꾸고 조직과 함께 성장하고 싶은 사람이 있다. 사마의는 조직 안에서 성장하고 성공하고 싶은 사람의 표본이라 말할 수 있다.

사마의 같은 자숙형 인재와 겸손형 리더에게 배울 점은 시간을 다루는 능력이다. 자숙형 인재, 겸손형 리더가 아니더라도 뛰어난 모든 사람은 시간을 다루는 능력이 탁월하다는 공통점이 있다.

시간이란 존재는 끝없는 영원과 무한대로 확장하는 우주에서 인간이 더욱 잘 견디기 위해 만든 개념이다. 우리가 인위적으로 느낄 수 있는 존재다. 이런 시간이 세 가지 위기를 끌고 온다.

첫 번째는 강요시간이다.

상대방이 나를 조급하게 만들거나, 상대방 페이스에 맞추라고 요구할 때다. 강요시간에 흔들리는 이유는 강요 당하는 것 보다 중요한 일이 없기 때문이다. 강요 당하는 일보다 중요한 걸 찾아라. 방법으로는 단순하면서도 생산적인 일로 강요시간을 잊는 방법이다.

두 번째는 긴 시간이다.

사람은 태생적으로 기다림을 싫어한다. 상대는 기다리지 못하게 미끼를 던질 수 있다. 여기에 맞서려면 느긋할 필요가 있다. 속도를 늦춘다고 일찍 죽거나, 기다리는 순간을 즐기지 못하는 건 아니다. 아직 세 勢가 불분명하고 자신감이 없다면 기다림을 내 편으로 만들자. 기다리면 상대가 던진 미끼에 걸려들지 않는다. 그리고 기다리면서 상대에

사마의 자기경영

게 대응할 여러 가지 방안을 만들면 된다. 긴 시간의 관점을 바꿔라. 기다리는 자에게는 기회가 더 많다.

**세 번째는 종결시간이다.**

빨리 마무리하고 싶은 건 누구나 마찬가지다. 종결시간을 서두르면 수습에 더 많은 시간을 써야 할지 모른다. 빨리 끝내고 싶은 마음을 정리하고 끝을 깔끔히 하는 시간관리 습관을 고민해야 한다.

자숙형 인재와 겸손형 리더는 삶, 죽음 모든 면에서 시간을 염두에 둔다. 그렇다고 서두르거나, 조급하지 않다. 사람의 개념으로 만든 시간을 자기편으로 만들고 모든 일을 진행한다.

## ⁙ 후계자를 남겨야 권력은 이어진다

모든 권력에는 이인자가 있다. 이인자의 역할은 크게 네 가지로 나누어진다.

후계자·책사, 모사·라이벌·실권자

이인자는 네 가지 역할이 혼합되어 있어 미묘하고도 매우 어려운 자리다. 이인자가 능력이 출중하면 라이벌로 여겨 제거한다. 반대로 작게 보이면 토사구팽당할 수 있다. 그래서 권력의 정수는 이인자를 유지하는 사람이다. 중국 현대사에 최고의 이인자는 저우언라이周恩來일 것이다. 의심 많은 모택동은 이인자 임표를 의문사로 죽여 버린다. 그 모습을 지켜본 저우언라이는 바짝 엎드려 있으면서 살아남는다.

이인자의 중요한 역할 중 하나는 후계자 되는 것이다. 일인자는 살아생전 후계구도를 만들어내지 못하면 권력은 손안의 모래처럼 빠져나간다. 권력은 연결되지 않으면 혼자만 고군분투하다 끝나고 마는 꼴이다. 제갈량이 그렇다. 제갈량은 뚜렷한 후계자가 없었다. 강유가 제갈량이 쌓은 지식과 사상을 받았다고 하지만 그 힘이 미미했다.

손견과 사마의를 제외하고 삼국 역사에서 이상하리만큼 기라성 같은 영웅의 2세들은 초라했다. 20세기 기업에서 전문경영인 체제가 보편화하기 전까지 3대가 부를 유지하지 못한 것과 비슷하다. 원인은 모두가 알고 있듯 3세들은 창업주의 고난을 직접 체험하지 못했기 때문이다. 시련이 주는 교훈도 알 수 없다. 하지만 몇몇 기업은 3세까지 부를 유지했다. 이들은 창업주 때부터 자녀교육에 심혈을 기울이고, 능력 있는 전문경영인을 두었기 때문이다.

사마의 두 아들은 아버지가 태부이며 수많은 가호의 녹을 받는 부자였다. 부러울 것 없는 명문가 자제들이다. 하지만 사마의 못지않은 실력으로 마무리되지 않은 삼국통일을 이끌어간다. 사마의가 자녀교육에 얼마나 힘썼는지 알 수 있다.

사마의는 자녀교육에 심혈을 기울인다. 아들들은 어린시절부터 전장에 나가 풍찬노숙을 함께한다. 그리고 독서를 강조했다. 제갈량의 계략에 빠져 관직이 박탈된 때도 낮에는 검술교육을 하고 밤에는 독서와 토론을 했다고 전해진다. 무문 겸비의 중요성을 교육한 것이다.

조진의 아들 조상을 비롯한 2세들은 대업의 꿈보다 안락을 추구했지만 사마사, 사마소는 통일의 꿈을 꾸었다. 어린 시절부터 풍찬노숙하며 목숨이 가벼운 전쟁터와 독서를 통해 역사를 공부하며 큰 꿈을 간직했다.

다음에서 사마의 두 아들을 살펴보자.

### 명문가 자제로 태어나 풍찬노숙風餐露宿한 아들들

첫째 아들 사마사는 고평릉 사변 이전에 군사 3,000여 명을 몰래 훈련하는 등 행동력과 운영능력이 뛰어났다. 아버지가 죽으면서 대장군이 된다. 이 시기 오나라 손권이 죽고 태자 손량이 즉위한다. 사마사는 때가 왔음을 알고 동생을 대도독으로 삼고 10만 병사로 오나라를 침공한다. 오나라 제갈각이 군대를 이끌고 막으려 했지만 결국 패한다. 탁월한 용병술을 보이며 능력을 과시한다.

나이가 차면서 주색에 빠진 황제 조방을 왕으로 강등시켜버린다. 여

사마의 자기경영

기에 황후를 흰 명주로 죽이고 조모를 새로운 황제로 옹립하는 정치적 변화를 준다. 사마사는 황제를 폐하고 새로운 황제를 옹립할 만큼 막강한 힘이 있었다. 여기서 사마사는 황제를 폐하는 무법자가 아니라 백성을 돌보지 않았기에 왕으로 강등하고 새 황제를 옹립했다. 이 일은 신하들과 백성의 지지가 있었기에 가능한 정치적 변화다.

얼마 후 관구검과 문흠이 반란을 일으키자 사마사가 직접 평정한다. 전쟁과정에서 사마사는 눈에 있는 종기가 번지며 많은 피를 흘린다. 동생 사마소가 형에게 달려가 형제애를 나누지만 그는 끝내 죽는다. 사마사 나이 48세, 255년의 일이다.


둘째 아들 사마소는 뛰어난 무예를 자랑했다. 조진과 촉나라 정벌에 나설 때 전투에서 패하자 후방에서 위군의 전멸을 막아낸다. 형과 함께 오나라를 공격해서 무예와 책략을 유감없이 발휘하며 실력을 보인다. 형이 죽자 모든 병권을 그가 가진다.

촉나라 유선이 무당에 빠져 정사를 보지 않고, 강유는 무리한 북벌로 국력이 쇠약해지자 사마소는 기회가 왔음을 감지했다. 촉나라를 정벌하고 강을 타고 내려가 오나라를 정벌하는 기본 전략을 마련한다. 쇠약해진 촉나라지만, 천연요새가 많아 정벌은 만만치 않았다. 아버지 사마의가 등용했던 종회와 등애의 악전고투 끝에 촉나라를 정벌한다. 촉나라 정벌이 끝나고 사마소는 진왕으로 봉해진다.

사마소에게는 아들이 둘이 있었다. 첫째는 사마염, 둘째는 사마유다. 형 사마사가 아들이 없자 둘째 사마유를 양자로 보낸다. 형제애가 깊었던 사마소는 "이 모든 건 형님이 이루어냈다"는 말을 자주 했다. 사마소가 진왕이 되면서 태자를 누구로 할지 결정해야 했다. 사마소는 형의 양자인 사마유가 태자가 되길 희망했다. 하지만 신하들의 격렬한 반대로 첫째 아들 사마염이 태자가 된다. 그가 바로 오나라를 멸망시키고 진나라西晉를 건국한 '무황제'다. 바쁜 정사 속에서 사마소는 병으로 쓰러진다. 자연스럽게 모든 일은 사마염에게 집중된다. 사마소는 병을 이기지 못하고 265년 54세 나이로 세상을 떠난다.

사마소에 대한 평가는 찬탈자라는 이미지가 강하다. 하지만 그가 있었기에 삼국의 균형을 깨뜨리는 결정적 역할을 했다. 또한, 사마의가 죽고 나서 곳곳에서 일어난 반란을 신속히 제압하며 혼란 없이 역사의 수레바퀴가 통일로 나갈 수 있었다.


권력을 유지하는 방법은 후계자를 키우는 일이다. 동서를 막론하고 후계자 구도 중 가장 믿을 수 있는 건 가족이다. 사마의는 두 아들은 명문가 자제이면서도 사치와 향락에 빠지지 않고 시대정신인 삼국통일을 묵묵히 이어나갔다. 어릴 적부터 아버지를 따라다니며 현장을 익힌 게 가장 큰 도움이 되었다.


모든 부모는 자녀교육에 관심이 있다. 사마의도 마찬가지였다. 바쁜 와중에도 자녀와 함께하며 세심하게 교육했다. 그 방법은 함께 풍찬노숙하기다. 단순하면서도 어려운 방법이다. 일찍이 세상살이를 배운 아들들은 사마의가 좌천된 시기나 거사를 준비할 시기에 임무를 수행하는 손발이 된다.

사마의가 최후의 승자가 될 수 있었던 것도 아들들의 도움이 있었기 때문이다. 사마의가 최후의 승자가 된 것은 아들들이 천하 통일을 묵묵히 진행했기 때문이다. 그 뿌리는 부자가 함께 움직이는 산 교육이 있었기 때문이다.

## ⋮ 삼국통일과 사마의의 역사 이미지

265년 사마염은 허울뿐인 황제 조환을 폐위시키고 황제가 된다. 국호를 대진大晉으로 부르고 사마의를 선제로 올린다. 그리고 사마사를 경제, 사마소를 문제라는 시호를 칭한다. 사마염도 급격한 개혁을 피하고 위나라의 체계를 대부분 이어간다.

촉나라가 망하자 오나라는 이제 곧 자신을 침공하리라는 걸 알고 있었다. 손권−손량−손휴에 걸쳐 시끄럽게 황제가 된 손호孫晧는 신하들의 기대와 달리 난폭했다. 반대하는 사람을 모두 숙청하고 중앙권력을 다지기 위해 무리한 토목공사를 한다. 곳곳에서 원망을 보내지만 손호는 아랑곳하지 않는다. 대진과 오나라의 국력 격차는 벌어져만 간다. 사마염은 포악한 손호가 민심을 잃을 걸 알고 침공한다. 손호는 저항했지만, 곧 항복하고 신하를 자처한다. 280년 흩어지면 모이고, 모이면 흩어지는 역사의 굴레에서 마침내 삼국이 통일된다.

184년 황건의 난 이후 무수히 많은 영웅과 그곳에서 고통받은 백성은 100년 만에 통일을 맞는다. 삼국통일 후 사마염은 귀족들이 백성의 땅을 침탈하는 폐단을 바꾸는 등 위민爲民 정책을 실시하며 칭송을 받지만, 말년에 정치를 멀리하고 사치와 향락에 빠지다 290년 생을 마감한다.

삼국통일의 기틀을 마련한 건 중원을 평정한 조조다. 하지만 조조 이후 후계자 조비는 뜻을 펼치려 했으나 능력이 부족했다. 조예는 사마의에게 의존해야 했다. 사마의는 후계자 두 아들을 성심껏 보살피고 교육했다. 그리고 삼국통일의 실제적 동력을 마련한다.

스토리텔링 개념으로 조조, 유비는 극적인 삶을 살았다. 하지만 시대정신이라 말하는 삼국통일은 사마의가 만든 실제적 동력 덕분이다. 사마의가 최후의 승자가 된 건 후계자가 있기에 가능했다. 후계자가 있는 최후의 승자는 역사 속 불멸의 존재가 된다.

사람들은 삼국지에 관해 이런 말을 한다.

> "삼국지를 3번 읽은 사람과 이야기하지 마라."
> "삼국지를 3번 읽지 않은 사람과는 역사를 논하지 마라."
> "젊어서는 수호지를 읽지 말고, 늙어서는 삼국지를 읽지 마라."

결국, 삼국지를 읽으면 좋다는 뜻으로 연결된다. 『삼국지』 안에는 정치, 군사, 경제, 예술, 심리 등 우리 인생사에 벌어지는 온갖 일들이 포함된다. 그래서 3번 읽으면 논리에서 이길 수밖에 없고, 3번 읽지 않으면 말이 통하지 않는다. 젊은이가 『수호지』를 읽으면 정의사회 구현을 하겠다고 오만방자하게 뛰어다닐 수 있고, 늙은이가 『삼국지』를 읽으면 교활한 전략을 사용할 수 있기 때문이다. 다시 생각하면 삼국지 많이 읽고, 음미하고 삶에 적용하라는 뜻이다.

나아가 삼국지는 흥미로운 전개로 고금을 막론하고 끊임없이 다른 콘텐츠로 재생산되고 있다. 이 중 책은 만화 삼국지, 버전이 다른 소설 삼국지, 삼국지 처세술, 삼국지 경영술, 직장인 삼국지 등 다양하게 나오고 있다. 그만큼 현대를 살아가는 우리에게 많은 교훈과 재미, 감동을 준다는 뜻이다.

삼국지를 활용한 다양한 콘텐츠가 쏟아지며 제대로 평가받지 못했던 인물이 재평가받기 시작했다. 황제를 괴롭힌 조조는 천하 통일의 기틀을 마련한 인물로 나오고, 덕치주의의 화신인 유비는 능굴귀신으로 나온다. 삼국지 한 축에서 아웃사이더가 되어버린 손권에게는 조직 경영의 탁월성을 배우라고 한다.

관점이 다양해지면 세상을 보는 눈이 풍부해진다. 우리가 많이 알고 있는 삼국지는 소설 『삼국지연의』다. 14세기 극작가 나관중이 썼다고 알려진다. 나관중은 여기저기 흩어진 삼국지 이야기를 모아 세상에 내놓는다. 여기에 당시 충심이 필요했던 시대적 환경이 더해지고 극작가답게 재미요소를 추가한다. 이후 모종강에 의해 우리가 쉽게 접한 『삼국지연의』가 탄생한다.

한번 굳어진 이미지는 오래가는 법이다. 사마의는 삼국지 후반부에 나오고 그의 모습은 소설로 재단해버렸다. 도망가기 바빴고, 운이 좋아 정권을 잡는 모습으로 나온다. 이 역시 시대 환경을 벗어날 수 없는 천재 극작가의 구성이라 생각한다.

사마의는 굳어진 이미지 때문에 억울한 인물일지 모른다. 그 역시 단점도 많았지만, 큰 전략적 오류를 범하지 않고 끝까지 살아남아 시대정신을 이루는 데 기초했다. 사마의에 대한 다양한 관점이 필요하다. 그의 삶에서 배울 수 있는 점은 배워야 한다.

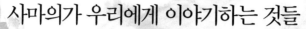

## 14장
## 사마의가 우리에게 이야기하는 것들

### ⁝ 무조건 앞장서라고 외치는 자기계발 홍수 속에서

복희씨가 '효爻'로 표현하고 주나라 주공과 그의 아들 문왕이 글로 표현한 『주역』은 동양철학의 시작이자 지금도 살아있는 고전이다. 『주역』을 많은 사람이 읽기 희망한 공자는 주역을 풀이하며 '무구无咎'라는 말을 99번 쓴다. 혹자는 무구라는 말을 강조하기 위해 계산해서 99번 넣었다고 하고, 혹자는 우연히 나온 것이라 말한다. 공자의 의도가 무엇이건 『주역』에서 무구가 중요한 것만큼은 확실하다.

무구의 해석은 '탈이 없다', '잘못이 없다'로 가능하다. 반성과 성찰, 노력의 중요성을 이야기하는 『주역』에서 무구는 개척론을 이야기한다고 볼 수 있다. 개척론은 자기계발 관점, 즉 셀프헬프self-help와 연결된다.

서양철학에서 "하늘은 스스로 돕는 자를 돕는다"라는 명문구로 시작하는 새뮤얼 스마일스의 『자조론』이 등장하며 셀프헬프 정신이 본격화되었다. 운명론적 관점을 많이 가지고 있는 동양에서 동양철학의 시작인 『주역』이 서양보다 몇천 년 앞서 개척론을 강조하고 있는 점이 흥미롭다.

우리는 어느 순간부터 개척론, 즉 주어진 환경을 뛰어넘고, 리더가 되는 걸 중요하게 여기고 있다. 이 '리더형 개척론'의 시작이 미국 자기계발 작가 데일 카네기다. 영업과 교사 경험을 바탕으로 스피치 교육과정과 자기계발과정을 만든 데일 카네기는 '자기계발을 개발한 남자'란 명예로운 칭호를 얻고 있다. 데일 카네기는 승자독식과 적자생존을 강조한 미국의 개척정신을 이어받았다는 평가다.

데일 카네기는 꿈과 확고한 비전 그리고 선두에 서서 자기 목소리를 내면서 적극 운명을 만들어가는 걸 강조한다. 미국 골드러시 시대 개척자처럼 믿을 건 자신뿐이며, 내일을 모르는 상황에서 자신감을 가지자고 자신을 설득하고 있다. 이 개척정신 뒤에는 초창기 미국 정부가 있었다. 정부 존재는 안전과 복지다. 골드러시 시대는 안전과 복지를 보장해줄 수 없었다. 개척자에게 안전과 복지가 없지만, 승자독식을 미국 정부는 용인했다. 넓은 땅을 단기간에 개척하기 위해 조용히 사는 게 아니라 도전하고 무조건 리더가 될 것을 강조했다. 이 리더형 개척론은 미국 영업사원에게 전달된다. 그 선두에 데일 카네기가 만든

아카데미가 있었다.

　대한민국은 IMF 사태가 터지고 본격적인 리더형 개척론 정신이 확산되었다. 불안한 고용이 만들어낸 안타까움이다. 곳곳에서 큰 꿈을 가지고 개척정신과 리더가 되어야 한다고 강조하고 있다. 리더형 개척론은 언론, 출판, 강연 등 미디어를 통해 전파되고 있다.

　최근 불고 있는 인문학 열풍은 리더형 개척론을 거절하는 듯하다. 하지만 인문학이란 이름 속에 다양한 상품이 범람하면서 리더형 개척론을 강조하는 상품도 볼 수 있다. 치열해진 경쟁이 만들어낸 우리 사회의 자화상이다. 이 자화상은 IMF 이후 지속되었다. 문제는 개선될 기미가 보이지 않는다는 점이다.

　사람이 100명이 모이면 100명 모두 다르다. 타고난 기질과 성장환경이 다르기 때문이다. 누구는 앞장서서 사람을 이끌고, 누구는 뒤에서 묵묵히 일하길 좋아한다. 모두가 리더가 될 필요도 없고, 모두가 리더가 되겠다는 세상은 싸움터밖에 되지 않는다. 누구는 앞장서서 리더가 되고, 누구는 뒤에서 묵묵히 맡은 바 일을 해야 한다. 그래야 조화가 이루어진다. 하지만 IMF 이후 미디어를 통해 리더가 될 것을 종용하고 있다. 모두가 리더가 되겠다면 그곳은 유혈 충돌이 난무하는 곳이다.

그동안 승자독식을 용인하는 리더형 개척론에 빠져서 모두가 튀어야 하고 앞장서야 하는 걸 미덕으로 여겼다. 즉 1등이 되자고 외쳤다. 하지만 모두가 1등은 될 수 없다. 모두가 1등이 될 수 없기에 승자독식은 위험한 발상이다. 우리는 그동안 1등 우선주의를 최고로 생각했다. 1등이 아니면 안 된다는 인식이다.

사마의는 최후 승자지만 1등이 되었다고 할 수 없다. 고평릉 정변 이후에도 황제를 모셨다. 사마의는 1등이 아니라 사마의로 살았다. 꼭 소리치고, 튀는 게 아니다. 묵묵히 일하고 자신을 알아주지 않아도 불평불만 하지 않았다. 성실히 일하는 모습이다. 늦더라도 세상이 알아주었다.


사마의는 인간적인 매력이 많은 인물이다. 특히 제갈량과 라이벌 관계를 유지할 때는 참고 또 참으며 버틴다. '진인사대천명盡人事待天命'이라 했지만, 사마의에게 '진인사'로 할 수 있었던 일은 문을 닫고 참는 것뿐이다. 죽은 제갈량의 목상을 보고 뒤도 돌아보지 않고 도망가야 했으며, 고향에 가서 옛 친구들을 그리워하며 눈물을 흘린다. 사마의는 자식을 사랑했고, 둔전을 실시하며, 구휼로 백성을 구하기 위해 노력했다. 낭고상이라는 이유로 끊임없이 견제를 받았다. 그 숨 막힘 속에서 살아야 했다. 제갈량은 신화 속 인물이라면 사마의는 멀지 않게 조직에서 탁월한 실력을 발휘하는 사람이라 생각한다.

사마의가 한결같이 보여준 인내와 끈기 그리고 실력 쌓기가 등한시

되는 사회에 살고 있다. 사람들은 참을성이 더욱 줄어들었고, 신념과 포부도 사라졌다. 사람이 변한 게 아니라 환경이 그렇게 만들고 있다.

현재는 '빨리빨리'를 강요하고 있으며, 포부가 있어도 포부를 실행할 사다리는 자본으로만 만들어진다. 자본이 없다면 좌절을 겪을 수밖에 없다. 설사 포부가 있어도 냉대하고 조롱하기 바쁜 세상에 살고 있다. 인내의 부족으로 작은 어려움이나 좌천에도 목숨을 가볍게 여기는 경향이 있다.

특히 남과 비교하며 자신이 초라해질 때 좌절을 극복하기 힘들어한다. 인간이 가진 비교 기질과 SNS를 통한 비교 권장이 만들어낸 비극이다. 사마의는 묵묵히 일하며 자신의 처지를 비관하거나 누구와 비교하지 않았다. 사마의는 때에 맞는 처세를 발휘하고 자신이 옳다고 생각하는 일을 꾸준히 준비하고 실천한 사람이다.

사마의는 사마의 방식으로 살았다. 이 기본적이고 순수한 처세가 그를 최후의 승자로 만들었다.

## ⁑ 사마의 생애에서 우리가 배워야 할 점은

사마의 생애는 전 연령에서 그가 행동했던 방식을 삶에 적용할 수 있지 않을까? 꼭 최후의 승자는 아니더라도 자신으로 살았던 그의 삶을 말이다.

20대의 사마의는 자신이 부족하다는 걸 분명히 인식하고 세상이 주는 축복을 누리기보다 내공을 쌓는 시기였다. 20대의 성공은 평생 가지 않기에 사마의는 조조의 부름을 거절했다. 독서와 지방의 관직에서 실무를 쌓는다. 발산하기만 하는 혈기는 연소만 하다 재도 없이 사라질 수 있다.

혈기를 조절하는 방법을 사마의를 통해 배워야 한다. 그리고 작은 성공에 따르는 주변 칭찬을 늘 경계하고 긴 안목으로 삶을 지켜볼 필요가 있다.

30대는 대부분 조직에서 일하고 가정을 꾸리기 시작한다. 삶에 치이다 보면 생각과 사고가 멈출 수 있다. 또한, 몇 년의 경력으로 세상의 전부라 생각하고 경거망동하며 뛰어다닐 수 있는 시기다. 사마의는 조조와 순욱의 일하는 방식을 보며 세상을 넓게 보는 법을 익혔다.

20대와 마찬가지로 신임을 얻기 이전까지 경거망동하지 않고 성실히 땀 흘려 일했다. 조급할 것 없이 기회가 온다는 사실을 알고 배움과 겸손을 겸비한다. 20대는 누구나 노력하는 시기다. 30대에 하는 노력이야말로 삶에 가장 큰 자양분이 된다.

사마의는 30대에 배우고 또 배웠다. 인생의 격차가 가장 많이 벌어지는 나이가 30대라는 사실을 명심해야 한다. 사마의 30대는 배움과 겸손이었다.

40대는 체력, 실력이 정상에 있을 시기다. 사마의는 자신의 발언을 내놓는다. 여기서 중요한 건 발언을 내놓을 때 상대의 심중을 읽어가며 했다는 점이다. 사마의가 40대에 모신 조비는 잔인하고 소심한 인물이었다. 발언을 잘못하면 무자비하게 대하는 사람이었다. 20대, 30대는 업무의 실력을 쌓아야지만, 40대는 사람 보는 안목을 길러야 한다.

특히 위로는 상관이 있고 아래로는 후배를 관리해야 하는 40대는 사람을 볼 줄 아는 혜안이 필요하다. 사람을 보는 혜안은 많은 사람을 만나야 길러지는 일이지만 한계가 있다. 그래서 역사와 문학을 공부하며 간접 경험을 쌓아야 한다. 사람 공부를 많이 해야 할 시기다.

50대는 삶의 후반부를 시작할 때다. 실력은 물론 문제해결능력, 창조하는 능력까지 갖춰야 할 시기다. 50대는 자기 업무에서 고수 간의 싸움이다. 전반부에 무엇을 했던 자존심을 세우기보다 인내를 다시 발휘할 때다. 사마의는 좌천당하며 참고 또 참았다. 그 모욕에 자존심을 세웠다면 자살로 생을 마감했을 일이다.

사마의는 참고 또 참았다. 문제해결능력과 창조하는 능력으로 적을 막아냈다. 50대가 되어도 변화 없이 같은 일만 빨리 처리하며 정체하는 사람이 많다. 사마의는 촉나라는 물론 오나라의 다양한 정보를 흡수하며 세상 변화를 빨리 감지했다.

사마의는 삼국지 나이로 노인 취급을 받을 나이였지만, 세상 흐름을 읽고, 수용하며 인정받을 수 있었다.

60대는 살리는 마음으로 함께 해야 한다. 사마의는 조진이 촉나라를 공격할 때 그가 살아나는 방법을 제시한다. 또한, 백성을 구휼했다. 정적을 제거했지만, 꼭 필요한 부분에서만 제거했다. 살리는 일은 나눔을 실천한 일이다. 그동안 자신을 위해 살았다면 이젠 남을 위해 살 줄도 알아야 할 시기다.

사마의는 건강관리와 조직의 효율성을 위해 일을 위임했다. 60대 때도 A부터 Z까지 다 처리하려 든다면 몸이 버틸 수가 없다. 또한, 업무를 이어받을 사람이 없어 불안요소가 생긴다. 인수자가 불안해도 잘 다독이며 인계할 줄 알아야 한다.

## ∴ 사람 속에 있다면 권력관계는 피할 수 없다

모두가 최후의 승자를 위해 권력투쟁 한가운데에 살아갈 필요는 없다. 무위자연無爲自然을 추구하며 권력과 멀리 살 수도 있다. 하지만 인간과 인간 속에서 살면 권력은 언제나 존재했다. 권력 세계가 싫어도 모습이 바뀌며 권력투쟁은 존재했다. 이런 점에서 『군주론』 집필한 마키아벨리는 다음과 같이 말했다.

> "항상 선하게 살려는 사람은 선하지 않은 수많은 사람 사이에서 파멸에 이를 수밖에 없다."

권력투쟁 속에서 선하게 살고 싶다면 권력, 즉 힘이 필요하다. 힘을 가진 사람이 힘을 내놓는다는 생각은 순진한 생각이다. 때에 따라 연극도 하고, 바짝 엎드려 있거나, 참고 또 참아야 힘을 얻을 수 있다. 이 힘을 얻는데 사마의는 많은 메시지를 주고 있다.

　다양성이 보장된 사회는 건강한 사회다. 다양성 속에서 융합과 통섭의 아이디어가 폭발하고 새로운 관점이 탄생한다. 이 책을 쓰면서 많이 받은 질문 중 하나가 '전공'이었다. 역사인물을 다루다보니 전공을 사학史學계열로 생각한다. 필자의 전공은 사학과 멀다. 하지만 누구보다 삼국지를 좋아하고, 이전에 출간된 책에도 삼국지를 다룬 내용이 많다.

　원고를 쓰면서 삼국지 고수들 앞에서 지식을 보여야 한다는 두려움이 있었다. 하지만 다양성 관점에서 필자가 가진 삼국지의 생각과 프레임이 있다. 그것을 책에 펼친 것이다. 혹시나 부족하고 정사와 다른 부분이 있다면 넓은 양해를 부탁한다.

　집필할 때 많은 사람을 만나 사마의를 이야기하면 잘 알지 못했다. 그만큼 알려지지 않은 인물이다. 관점을 바꾸면 가능성이 매우 큰 인물이기도 하다. 그런 관점으로 그와 관련한 일화, 생각, 사상 등 더 많은 사람에게 알리려 이 책을 썼다. 이 책이 사마의를 알리는 데 일조하길 저자로서 희망한다. 또한 삼국지 관련된 단체나 모임에서 사마의를 재조명하길 희망한다.

　여러 권의 책을 집필했지만, 필자의 경험적인 사례가 없고 특정인물을 집중 조명한 건 처음이다. 집필하는 내내 좌절과 다독임을 반복했다. 이 원고는 그 깊이와 반복이 심했다. 그래서 더 정이 가는 원고다. 이 원고가 '출간'이라는 결과를 보게 되어 기쁘고 행복하다. 끝으로 부족한 원고를 보고 흔쾌히 출간을 허락해준 도서출판 밥북 임직원에게 감사함을 보낸다.

# 사마의 자기경영

**펴낸날** 2018년 6월 1일
**2쇄 펴낸날** 2019년 12월 19일

**지은이** 윤석일
**펴낸이** 주계수 ｜ **편집책임** 윤정현 ｜ **꾸민이** 윤정현 이슬기

**펴낸곳** 밥북 ｜ **출판등록** 제 2014-000085 호
**주소** 서울시 마포구 양화로 59 화승리버스텔 303호
**전화** 02-6925-0370 ｜ **팩스** 02-6925-0380
**홈페이지** www.bobbook.co.kr ｜ **이메일** bobbook@hanmail.net

ISBN 979-11-5858-438-2 (03190)

※ 이 도서의 국립중앙도서관 출판시도서목록(CIP)은 e-CIP 홈페이지(http://www.nl.go.
kr/cip)에서 이용하실 수 있습니다. (CIP2018016094)